AF499203

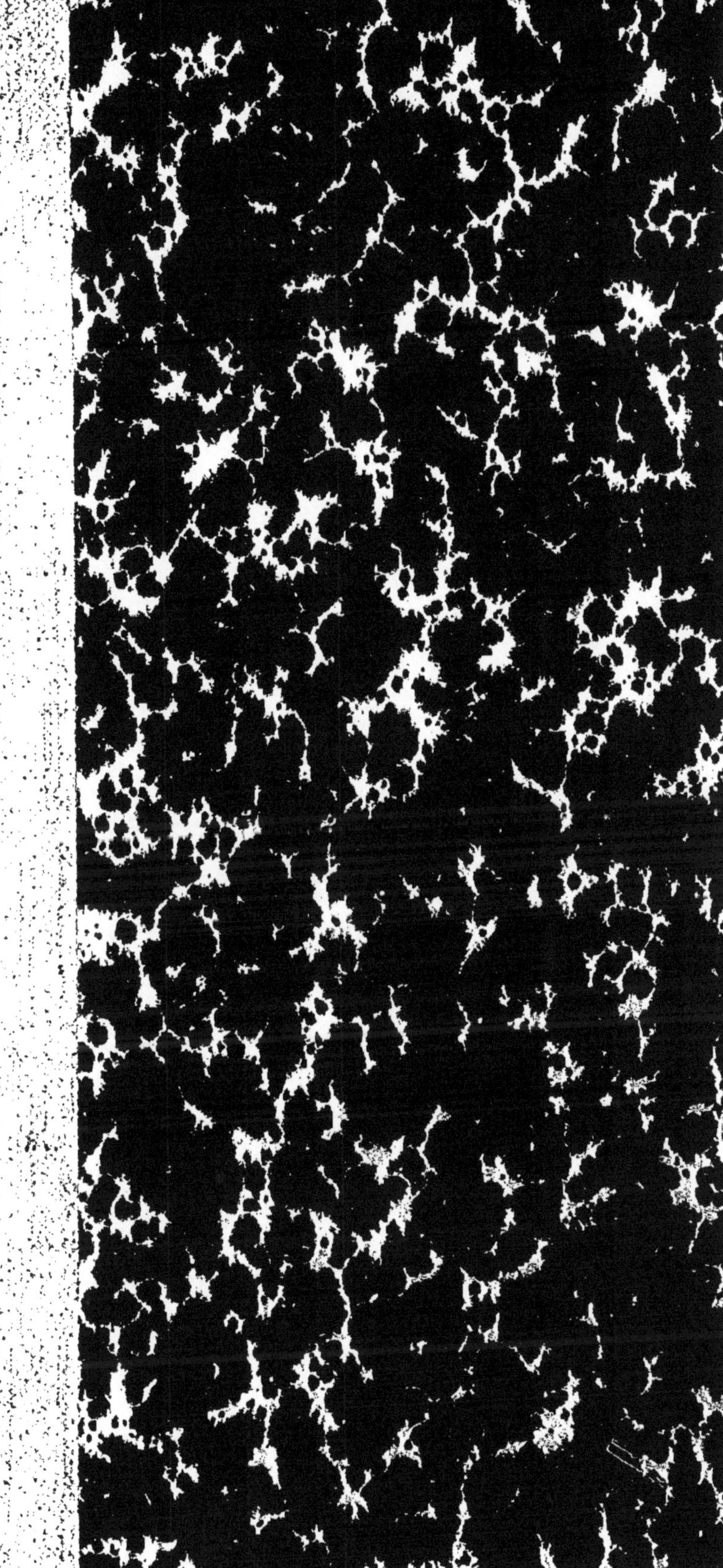

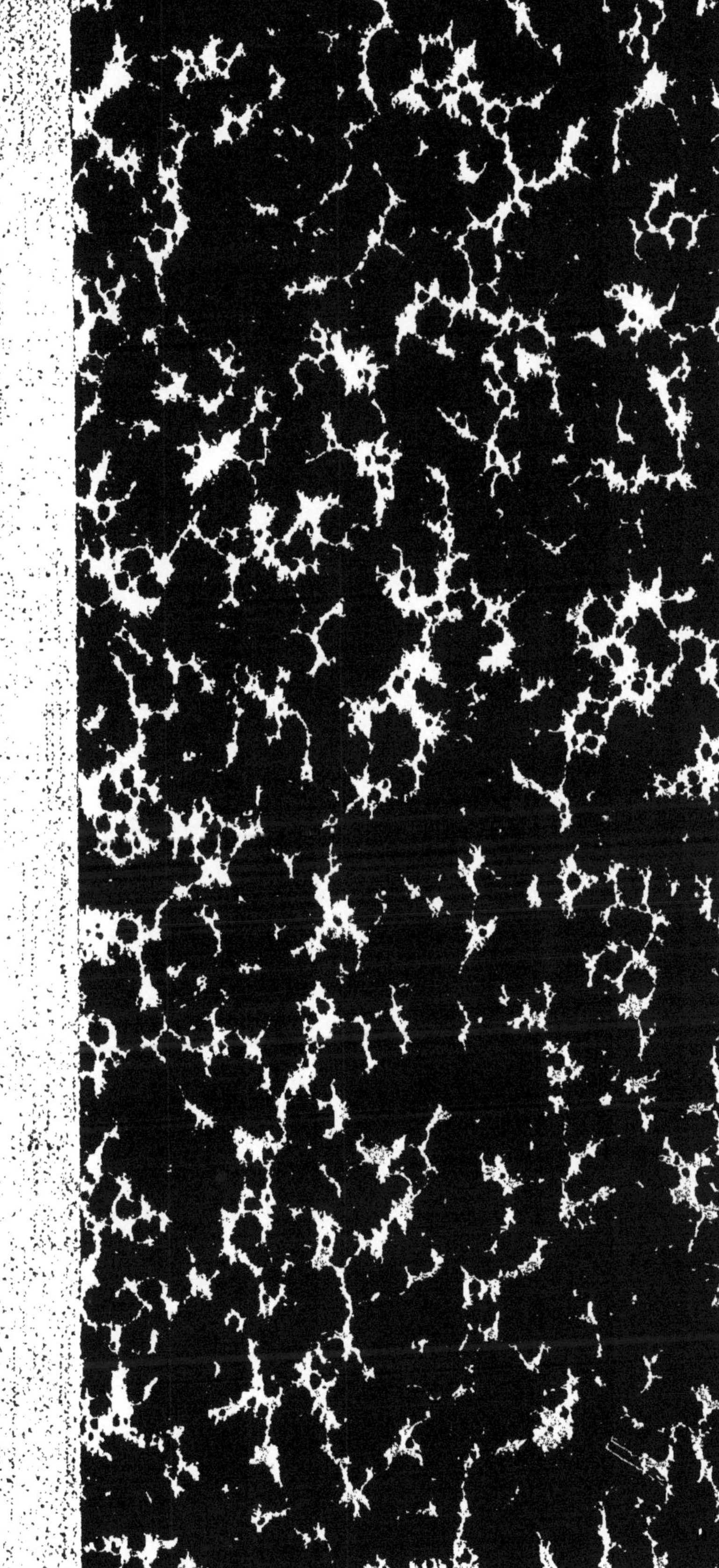

PROJET
DE
CODE SOCIALISTE

Loi Constitutionnelle — Loi organique et politique — Loi civile Loi de Procédure — Loi Pénale

PAR

LUCIEN DESLINIÈRES

TOME DEUXIÈME

PARIS (5e)
V. GIARD & E. BRIÈRE
LIBRAIRES-ÉDITEURS
16, RUE SOUFFLOT ET 12, RUE TOULLIER

1908

PROJET

DE

CODE SOCIALISTE

AUTRES OUVRAGES DU MÊME AUTEUR

QU'EST-CE QUE LE SOCIALISME ?
1 brochure................ 0 fr. 05
0 fr. 10 franco

Excellente brochure de vulgarisation socialiste.

ENTRETIENS SOCIALISTES, forte brochure de 128 pages................ 0 fr. 30
0 fr. 40 franco

Les *Entretiens socialistes*, dans lesquels la doctrine socialiste est présentée sous la forme simple et attrayante d'une conversation familière, sont particulièrement propres à préciser la connaissance du socialisme dans l'esprit des lecteurs qui auront commencé à l'acquérir par la brochure *Qu'est-ce que le socialisme ?*

L'APPLICATION DU SYSTÈME COLLECTIVISTE, fort volume de 530 pages....... 6 fr. franco

Cet ouvrage considérable précédé d'une préface de Jean Jaurès, est l'exposé le plus complet du Socialisme, qui ait paru jusqu'à ce jour.

LA SOCIÉTÉ FUTURE, revue mensuelle.
Collection des 6 numéros parus. 2 fr.
2 fr. 50 franco

PROJET DE CODE SOCIALISTE, tome 1er. 2 francs
2 fr. 25 franco

Ecrire à M. Lucien Deslinières, 8 place des Vallées, à la Garenne-Colombes (Seine). Joindre un mandat-poste aux commandes.

Joindre les frais supplémentaires de port pour les colonies et l'étranger.

PROJET

DE

CODE SOCIALISTE

Loi Constitutionnelle — Loi organique et politique — Loi civile — Loi de Procédure — Loi Pénale

PAR

LUCIEN DESLINIÈRES

TOME DEUXIÈME

PARIS (5e)

V. GIARD & E. BRIÈRE

LIBRAIRES-ÉDITEURS

16, RUE SOUFFLOT ET 12, RUE TOULLIER

1908

PROJET DE CODE SOCIALISTE

PRÉFACE

C'est, d'ordinaire, par comparaison que le cerveau humain perçoit le plus exactement l'étendue. Pour apprécier l'importance de la simplification que réalisera le socialisme, il faudrait donc pouvoir mettre en regard des lois par lesquelles il règlera sur de nouvelles bases les rapports sociaux l'ensemble de celles qui les déterminent aujourd'hui. Or, pour la première partie de ce *Projet de Code socialiste*, ce terme de comparaison faisait défaut : les institutions, traditions et coutumes qui constituent le régime capitaliste sont dispersées en d'innombrables lois, décrets, arrêtés, règlements d'administration publique, règlements d'associations privées et conventions particulières qu'un couvent de bénédictins — s'il en existait encore — mettrait un siècle à colliger.

C'est pourquoi certains lecteurs superficiels, considérant les textes de législation socialiste qu'ils avaient sous les yeux, et ne voyant pas ceux qui seraient remplacés et supprimés, ont pu se figurer que l'organisation socialiste était fort compliquée.

Cette impression tout à fait fausse ne saurait subsister après la lecture, même rapide et distraite, de la deuxième partie du *Projet de Code socialiste* qui paraît aujourd'hui.

En effet, chacun des titres qu'elle renferme correspond à un ou deux des codes actuellement en vigueur, et on voit du premier coup d'œil le peu qui subsiste d'un fatras législatif aux inextricables circonvolutions, dont la connaissance complète échappe même aux cerveaux qui, durant une longue existence, se sont spécialisés dans l'étude du droit.

C'est ainsi que cent quarante-cinq articles renferment toute la loi civile socialiste et tiennent lieu du formidable Code Napoléon. Le Code de procédure, le Code d'instruction criminelle, le Code pénal subissent des réductions au moins aussi fortes. Quant au Code de commerce, il disparaît entièrement.

En même temps que ces principales colonnes d'un édifice social suranné, on voit à chaque page s'écrouler pour cause d'inutilité publique de puissantes institutions dont on ne conçoit pas actuellement qu'il soit possible de se passer. Notamment, l'article 410 en fait une véritable hécatombe. Mais si longue que soit l'énumération qu'il contient, elle n'est rien à côté des institutions et corporations particulières qui, n'y pouvant pas figurer pour des motifs divers, n'en sont pas moins entraînées dans la chute des autres. Citons notamment les Bourses de valeurs et les Bourses de commerce, avec leur monde d'agents de change, coulissiers, remisiers, courtiers et subalternes, les Banques d'émission et d'escompte, les avoués, notaires, huissiers, commissaires-priseurs et la foule interlope des agents d'affaires et intermédiaires de toute sorte, etc., etc. Quelle sensation d'allègement on éprouve à voir disparaître cette armée de parasites gorgée de la substance des producteurs ! Quel air assaini et rafraîchissant on respire après ces vastes abatis d'une végétation étouffante, née de l'absence de toute véritable organisation sociale et engraissée des abus qui en résultent ! Il est impossible que cette impression ne soit pas ressentie unanimement et qu'elle ne donne pas une opinion plus favorable du socialisme à nombre de personnes qui, jusqu'à ce jour, ne l'avaient pas envisagé sous cet aspect.

Je ne me flatte pas d'obtenir, pour les dispositions constitutionnelles que je propose, l'approbation de la majorité des socialistes. Je m'attends même à être un peu conspué, pour cause de modérantisme, par de nombreux radicaux, de ceux qui se disent socialistes et parfois croient l'être effectivement. Hélas ! la limite qui sépare la démocratie de la démagogie est bien indécise et on la franchit souvent sans s'en apercevoir, surtout quand on a reçu l'éducation déplorable de la génération présente. Nous ne nous sommes arrachés au fétichisme monarchique que pour tomber dans le préjugé contraire en érigeant en dogme intangible la souveraineté et l'infaillibilité du suffrage universel. Souverain, le peuple l'est, certes et doit le rester, mais infaillible, il a prouvé en plus d'une circonstance qu'il ne l'était pas et avait besoin d'être protégé, au moins temporairement, contre ses propres faiblesses. Par là se justifie la nécessité d'une deuxième Chambre, armée par la Constitution de pouvoirs suffisants pour résister à une erreur momentanée du corps électoral et lui donner le temps de se ressaisir, mais incapable cependant d'opposer un obstacle à sa volonté persistante qui, bonne ou mauvaise, doit rester la loi suprême. Or, n'est-il pas évident que, pour pouvoir remplir ce rôle pondérateur, la Chambre de contrôle doit avoir une origine différente de la Chambre contrôlée ?

Au point de vue socialiste, l'utilité d'une deuxième Chambre est plus manifeste encore; tout au moins dans la période initiale pendant laquelle le régime nouveau, avant d'avoir pu porter tous ses fruits, pourrait par les changements qu'il aurait apportés exciter des mécontentements dont l'ex classe privilégiée ne manquerait pas de profiter. Pour que le socialisme tienne ses promesses et désarme toutes les oppositions, il faut qu'il vive, et quelle garantie de durée peut-on lui donner, en dehors de l'institution d'un Sénat peuplé de ses partisans les plus convaincus et les plus éclairés ?

On remarquera d'ailleurs que les pouvoirs du Sénat ne vont pas au-delà de la sauvegarde de la Constitution. Sur tous les autres points, les pouvoirs de la Chambre du suffrage universel sont souverains.

Quant au Conseil d'Etat, dont le rôle est purement consultatif, une expérience de trente-sept ans a démontré la nécessité de l'associer au travail de la Chambre pour obtenir des textes législatifs plus précis et plus complets.

Un autre principe qu'il fallait consacrer dans la législation socialiste est celui de l'indivisibilité de la souveraineté du suffrage universel. Quand, par le vote de ses élus, la nation a marqué sa volonté dans une loi, il n'appartient pas à une fraction des électeurs de faire obstacle à son exécution. C'est l'évidence même ; mais la conclusion, moins évidente aux yeux de certains, est que, pour éviter des conflits, il ne faut pas abuser du système électif pour la nomination des autorités administratives, et qu'il est nécessaire de la réserver en bien des cas au pouvoir exécutif, émanation au deuxième degré du suffrage universel et par conséquent organe de la volonté générale contre les résistances particulières. Dans tout cela, évidemment, il n'y a rien d'absolu ; c'est une question de mesure, d'équilibre. L'essentiel est de ne pas se lier par des formules toutes faites, c'est-à-dire presque toujours fausses ; c'est aussi de ne pas se laisser dominer, lorsqu'il s'agit du pouvoir exécutif socialiste, c'est-à-dire du bras même de la nation, par des défiances qui n'étaient légitimes qu'envers un pouvoir exécutif oppresseur.

En matière constitutionnelle, plus encore qu'en toute autre partie d'une législation, le rédacteur d'un projet doit s'attacher à ne pas traduire ses conceptions particulières, mais à dégager celles qui lui paraissent les mieux appropriées à la mentalité moyenne du pays. L'idéal qu'il doit viser n'est pas la perfection théorique, mais le degré d'imperfection qui correspond le plus exactement au mélange de qualités et de défauts, de saine raison et de préjugés, d'esprit de progrès et de routine aveugle qui coexistent dans la nation pour laquelle il légifère, et dont il doit être en état de doser les proportions. Une telle œuvre est donc essentiellement objective, et il serait injuste d'attribuer à son auteur une prédilection personnelle pour des dispositions qu'il n'y a souvent introduites qu'a regret.

Au surplus et pour en finir avec cette question, aucune forme constitutionnelle spéciale ne découle obligatoirement des principes du socialisme. Ce régime se prête au contraire aux organisations politiques les plus variées et pourra toujours modifier celle du moment lorsqu'une modification dans les esprits et dans les faits le rendra nécessaire. Vraisemblablement il tendra à desserrer graduellement les liens de l'autorité qu'il aura dû maintenir au début et à diminuer la contrainte de sa réglementation, dans la mesure où l'amélioration de la conscience individuelle le rendra possible, de façon à évoluer vers un maximum de liberté et un minimum d'obligations. Toute la question est de déterminer la somme de liberté que peut supporter du jour au lendemain un peuple façonné au joug du capital, et ceux qui penseront que je me suis trompé en plus ou en moins dans cette appréciation pourront imaginer et proposer toutes les variantes qu'ils jugeront préférables : les erreurs, même réelles, que j'ai pu commettre sur ce chapitre ne sauraient conclure contre le socialisme.

Il y a peu d'observations saillantes à présenter sur le titre X : *Loi organique et politique*, en dehors de celle déjà faite plus haut à propos de l'article 410. On remarquera cependant la simplification résultant de la suppression de la propriété communale et départementale, ainsi que des budgets communaux et départementaux ; et ce n'est pas là une manière de voir spéciale, mais la conséquence naturelle de l'organisation collectiviste.

Autre point intéressant : le Conseil d'Etat, rendu à son véritable rôle de collaborateur de l'exécutif et du Parlement pour la préparation des lois, décrets et règlements, est en même temps dépouillé au profit de la Cour de cassation de ses attributions contentieuses : c'est une application logique du principe de la séparation des pouvoirs et la fin d'une confusion irrationnelle.

On réclame depuis plus de trente ans, sans les obtenir, des mesures garantissant le secret du vote et l'indépendance de l'électeur. Peut-être est-il réservé à la loi socialiste de donner satisfaction à un vœu qui, au fond, n'inspire aucun enthousiasme à ceux que leur fortune met en état d'exercer une pression sur des votants moins favorisés. Les mesures portées au chapitre III du titre X me paraissent atteindre le but.

Une excellente caractéristique du régime socialiste est fournie par le rapprochement des 145 articles qui constituent mon projet de *Loi Civile* (titre XI) avec les 2281 articles du Code Napoléon.

Dans le monument législatif du Consulat et dans mon modeste projet, les dispositions concernant les personnes ne diffèrent pas sensiblement. On remarquera cependant des simplifications importantes, une extension des droits de la femme et de l'enfant au détriment de ce qu'avaient d'excessif ceux du mari et du père, la suppression de toute différenciation dans l'état civil et dans les droits des enfants nés hors du mariage et des enfants dits légitimes, l'institution du divorce par la volonté persistante d'un seul des époux. Quoique secondaires, ces changements soulèveront les clameurs passionnées des conservateurs qui trouvent déjà trop libérale la législation actuelle. Ils sont cependant la conséquence normale d'une organisation sociale qui, prenant en charge la vie de tout être humain, affranchit économiquement les faibles, et les soustrait à la dépendance où ils étaient placés vis-à-vis de ceux qui pourvoyaient à leur existence. Un mari, un père, peuvent-ils prétendre exercer sur la femme et l'enfant nourris par la nation le pouvoir qu'ils exerçaient quand ils les nourrissaient eux-mêmes ? La femme et l'enfant ont-ils les mêmes obligations envers eux ? Les inconvénients du divorce sont-ils aussi grands quand la femme et les enfants ont leur subsistance assurée ? On dira que nous supprimons la famille ; la vérité c'est que nous la fortifions en l'épurant par la suppression de toute contrainte dans des sentiments qui n'existent réellement que s'ils sont volontaires.

Signalons en passant une innovation qui sera peut-être jugée intéressante : le casier civil, et le surcroît de précautions prises dans la procédure d'interdiction, bien que la disparition du mobile cupide qui a, en cette matière, causé tant d'iniquités doive rendre infiniment plus rare le renouvellement de telles tentatives.

Mais c'est surtout dans la partie relative à la propriété, aux différentes manières de l'acquérir, aux contrats et obligations conventionnelles, que la comparaison entre les deux régimes permet de bien saisir l'étendue de la simplification apportée par le socialisme.

D'abord, contrairement à une accusation couramment portée contre nous, la propriété individuelle ne disparaît pas. Elle se restreint seulement aux objets mobiliers, c'est-à-dire à ceux dont on jouit effectivement, puisqu'ils peuvent toujours être placés à la portée de leur possesseur et qu'il peut en outre en interdire à d'autres, non seulement l'usage, mais la vue. Aucune atténuation n'est apportée au droit de propriété ainsi limité ; la liberté absolue de tester l'étend même sensiblement en le prolongeant par delà la vie. Cette liberté, inadmissible actuellement puisqu'en privant arbitrairement de la propriété certains de ses héritiers naturels, le père de famille les prive de moyens d'existence, n'offre plus aucun inconvénient dans une société qui garantit à tous ses membres la satisfaction de leurs besoins. La rédaction des testaments est d'ailleurs soumise à moins de formalités.

Les dispositions législatives concernant la propriété seraient plus brèves encore si la faculté, laissée pendant deux générations aux petits propriétaires cultivants, de conserver leur propriété, n'obligeait à réglementer les rapports de ces propriétés individuelles les unes avec les autres et avec la nation. C'est pour elles, notamment, que doivent être conservés le chapitre du Code civil actuel sur les servitudes et une partie de la loi sur l'expropriation pour cause d'utilité publique. Quand la propriété individuelle immobilière aura disparu tout à fait, il est évident que ces dispositions n'auront plus de raison d'être.

Par contre quelques additions sont faites en ce qui concerne la propriété industrielle, littéraire et artistique, que le Code civil n'avait pas prévue et qui subsistera en régime socialiste.

L'héritage est conservé, mais seulement en ligne directe. La liberté de tester permet d'ailleurs aux intéressés d'assurer la transmission de leur fortune à un collatéral.

L'article 549 justifie l'abrogation de la moitié du Code civil en expliquant que les contrats et conventions entre particuliers, n'ayant plus aucun caractère d'intérêt social, doivent sauf quelques exceptions, cesser d'être reconnus par la loi. C'est l'évidence même, et pourtant, quelle révolution en ces quelques lignes ! Une autre application du même principe substitue la responsabilité de la nation à la responsabilité individuelle en matière de quasi-délits. Et ainsi se trouve déterminée, d'une façon aussi sommaire que précise et complète, l'une des bases essentielles du droit nouveau, dont rien ne démontre mieux la supériorité que l'extrême concision avec laquelle il s'énonce. A quoi bon cet amoncellement de prescriptions minutieuses et d'une interprétation si difficile, puisqu'on peut édifier sans elles une société où l'homme, dégagé de tous ces liens inutiles, vivra plus libre et mieux pourvu ?

On a souvent essayé sans succès de simplifier la procédure civile, Ces tentatives ont rencontré des résistances, d'une part du point de vue fiscal, intéressé à l'écoulement de cette marchandise précieuse qui s'appelle le papier timbré, d'autre part au nom de l'intérêt même des parties qui, dans des litiges considérables, exige un luxe de précautions se traduisant par des atermoiements et des formalités à n'en plus finir. En régime socialiste au contraire, les litiges, réduits en importance autant qu'en nombre, peuvent être solutionnés beaucoup plus sommairement. L'acte d'huissier est remplacé par la simple lettre recommandée, et la suppression de la plus grande partie de la procédure avant le jugement définitif, ainsi que de la procédure d'exécution, assurent le prompt règlement de toutes les instances, au grand désespoir, sans doute, de nos modernes Chicaneau qui ne pourront plus énumérer avec orgueil les coûteuses preuves de l'activité de leurs procureurs :

J'écris sur nouveaux frais. Je produis, je fournis
De Dits, de Contredits, Enquestes, Compulsoires,
Rapports d'Experts, Transports, trois Interlocutoires,

Griefs et Faits nouveaux, Baux et Procès-verbaux,
J'obtiens Lettres Royaux et je m'inscris en Faux.
Quatorze appointements, trente Exploits, six Instances,
Six-vingt Productions, vingt Arrests de Défences,
Arrest enfin,

Mais à la grande satisfaction de la masse des justiciables qui, à l'avantage d'être jugés rapidement, réuniront celui de l'être sans bourse délier.

L'extrême rareté des contestations portant sur des valeurs importantes permettra d'ailleurs de les déférer toutes à la justice de paix, la juridiction d'appel étant réservée aux tribunaux actuels de première instance, devenus tribunaux départementaux.

Même simplification dans la procédure pénale. Beaucoup de délits n'existant plus légalement et les autres devenant infiniment moins fréquents, de même que les crimes proprement dits, à raison de la suppression de la misère qui les engendre presque tous, notre Code d'instruction criminelle se voit amputé de la plus grande partie de ses articles. Là, cependant il importe d'être prudent, car en retranchant des complications inutiles, il faut se garder d'affaiblir les garanties dues au prévenu. Il faut même les augmenter, et c'est sans inconvénient, dût-on permettre à quelques coupables de glisser à travers les mailles élargies du filet, car les répressions sont moins nécessaires dans une société fondée sur la justice que dans une société fondée sur l'oppression.

Dans cet ordre d'idées, on remarquera le petit nombre des cas dans lesquels les arrestations préventives resteront autorisées. La loi actuelle, s'inspirant d'une préoccupation contraire, prend de grandes précautions pour empêcher le futur condamné de se soustraire au châtiment qu'elle lui réserve. La loi socialiste ne le contraint ni à comparaître devant le tribunal, ni à subir la peine prononcée contre lui. Il doit l'accepter volontairement ; mais s'il refuse obéissance aux lois et à la justice, il se retranche lui-même de la société et perd, avec sa nationalité, les précieuses prérogatives qui y sont attachées. En cas de récidive, devenu non seulement un étranger, mais un étranger dangereux pour la sécurité du pays, il est expulsé.

Les juges de paix, dont les attributions agrandies comprennent déjà tous les procès civils et qui conservent naturellement la simple police, sont en outre chargés de la police correctionnelle en première instance. La faculté d'appel en cette matière est une garantie suffisante contre les excès de sévérité ou d'indulgence qu'on pourrait redouter d'un seul magistrat. Chaque juge de paix aurait, pour le seconder un ou plusieurs suppléants appointés, dont l'un serait chargé de l'instruction. L'organisation judiciaire, qu'on trouvera à la troisième partie de cet ouvrage, fera comprendre la raison de ces changements. La magistrature cessera d'être une carrière pour devenir le couronnement d'une carrière ; aux garanties d'indépendance résultant d'un meilleur recrutement s'ajouteront celles que donnera la suppression de tout avancement honorifique ou pécuniaire et le maintien de l'inamovibilité.

Dans ces conditions, la suppression du jury d'assises n'excitera pas de bien vifs regrets. Cette institution démocratique (?) s'est chargée depuis longtemps de dissiper les illusions qu'à l'origine on fondait sur elle. L'infériorité intellectuelle de la petite bourgeoisie qui forme la pépinière du jury, son accessibilité aux basses passions, l'impossibilité où elle est de s'élever aux sphères sereines de la pure justice sont aussi redoutables à l'innocence que l'oblitération du jugement et l'endurcissement du cœur si fréquents chez les vieux magistrats professionnels. La cour criminelle socialiste, composée d'hommes qui auront longtemps vécu de la vie des autres hommes, avant d'être investis, pour quelques années seulement, du droit de les juger, qui, choisis parmi les esprits les plus éclairés, les caractères les plus droits, n'auront pas le temps de s'infecter de préjugés de caste, approchera d'aussi près que possible l'idéal de la justice qui est dans l'indulgence unie à la fermeté.

La loi pénale d'un peuple donne l'indication de son niveau moral : plus il est élevé en civilisation, plus son régime économique se rapproche de la justice absolue, et plus son sytème répressif est adouci. En parcourant mon projet de loi pénale, on mesurera l'immensité du progrès que le socialisme fera accomplir à l'humanité. Et qu'on ne soutienne pas que j'ai cédé à l'inspiration d'une vaine sensiblerie, en y introduisant des sanctions insuffisantes pour assurer le respect des institutions : là où règne l'équité, il n'est pas besoin de contrainte bien forte.

Non seulement la criminalité diminuera dans une proportion énorme lorsque tous les besoins légitimes seront satisfaits, mais les attentats contre la propriété ne jetteront qu'un trouble insignifiant dans la société, puisque leurs victimes seront indemnisées intégralement par la solidarité nationale. Quant aux attentats contre les personnes, ils seront réprimés plus efficacement qu'aujourd'hui, car si leurs auteurs ne sont pas soumis à un traitement bien rigoureux, ils seront mis hors d'état de nuire.

Le droit criminel socialiste a pour base le grand principe scientifique moderne : le déterminisme, avec son corollaire ; l'irresponsabilité. Nos criminalistes bourgeois, qui considèrent avec pitié l'ignorance barbare des juges du moyen âge, condamnant à mort des animaux, ne paraissent pas se douter, dans leur sereine inconscience, qu'ils commettent des monstruosités de même nature lorsqu'ils proclament la responsabilité, totale ou mitigée, d'un être humain, hors du cas de folie nettement caractérisée.

Comment la physiologie, en dévoilant la nature et le fonctionnement des organes où s'élabore et par où se transmet la pensée, n'a-t-elle pas depuis longtemps déraciné ce préjugé stupide ? La théorie du libre arbitre, déjà si critiquable dans l'hypothèse d'une âme distincte du corps et émanant de la Divinité, peut-elle se soutenir devant les constatations de la science qui montre l'origine purement physique de l'intelligence et de la volonté ? Nul ne songerait à reprocher à un homme d'être laid et débile, ni à plus forte raison, à l'en punir. Comment peut-on le châtier s'il est inintelligent et mauvais ? N'a-t-il pas reçu en naissant, de ses parents, de ses ancêtres, de sa race, un corps dont le cerveau n'est qu'une partie, et qu'il ne dépendait pas de lui de choisir plus sain et meilleur ? Dans ce cerveau, les facultés ne sont-elles pas localisées et ne peuvent-elles pas être anéanties du jour au lendemain, soit par une maladie, soit par un accident ? Le savant ne peut-il pas les supprimer à son gré les unes ou les autres d'un coup de son scalpel ? La pensée est donc le produit de l'action des objets extérieurs sur le cerveau, et la volonté, qui paraît libre, est en réalité déterminée par le cerveau et par le milieu. Dans une circonstance donnée, le possesseur d'un cerveau donné agira forcément dans un sens donné : d'où lui viendrait la force de résister aux suggestions mauvaises s'il ne la trouve pas dans son cerveau, unique siège de sa volonté ? On a donc eu raison de dire que tous les criminels sont des malades qu'il faut soigner. Et de fait, n'a-t-on pas trouvé dans le cerveau de certains condamnés à mort des lésions qui prouvaient leur folie, niée par de prétendus experts ?

Mais si la société a le devoir de soigner les malades criminels, elle a le droit de se mettre en garde contre les dangers qu'ils lui font courir : si le principe de l'irresponsabilité lui interdit de se venger, elle peut, elle doit par conséquent se défendre. Elle n'a pas à punir l'irresponsable, mais il est légitime qu'elle le mettre hors d'état de nuire.

Allons plus loin : il ne suffirait pas à la sécurité publique de prendre des mesures pour empêcher l'homme qui a commis un crime d'en commettre un nouveau ; il faut aussi faire de lui un exemple qui prévienne l'extension de la criminalité. Et ceci n'est pas contradictoire avec les principes qui viennent d'être rappelés, car si l'acte criminel est déterminé, il n'est pas fatal, et la crainte de la répression peut être précisément la cause déterminante qui l'empêche de s'accomplir.

Le déterminisme, doctrine de douceur et de mansuétude, incomparablement supérieure à la loi de sang qui se dégage du principe de la responsabilité, offre donc à la loi pénale une base parfaitement suffisante. Il peut aller jusqu'à admettre la privation plus ou moins prolongée de la liberté ; il repousse comme excessive toute peine corporelle ou morale ajoutée à la détention humainement comprise. La vie, sous le régime socialiste, sera tellement différente de ce qu'elle est aujourd'hui, surtout quand la disparition d'une ou deux générations aura éliminé les déchets sociaux laissés par l'organisation capitaliste, les causes du mal seront si rares, on sera si naturellement poussé vers le bien dans un milieu solidaire et fraternel dont tout antagonisme sera banni, que le juge aura bien rarement l'occasion d'appliquer les maxima, et que, dans la pratique, les pénalités, déjà adoucies, de la loi socialiste, s'atténueront encore.

Puisse ce deuxième volume, en présentant le socialisme sous un aspect à la fois pratique et humain, peu connu jusqu'à ce jour, contribuer à dissiper l'aveuglement de tant d'exploités qui luttent, hélas ! pour conserver leurs chaînes, de tant de cœurs généreux qui continuent à tâtonner au hasard, à la recherche d'un idéal moral qui resplendit dans le socialisme et qu'ils ne sauraient trouver ailleurs.

LUCIEN DESLINIÈRES

Mai 1908.

DEUXIÈME PARTIE

TITRE IX

LOI CONSTITUTIONNELLE

CHAPITRE PREMIER

Principes fondamentaux

Section I

Solidarité sociale — Conditions du travail

Art. 246

Tout être humain apporte en naissant le droit à l'existence.

La société a donc le devoir de lui assurer les moyens de subsister.

Comme elle ne peut le faire qu'à la condition d'avoir en quantité suffisante des objets de consommation produits par le travail, l'être humain capable de travailler doit son travail à la société.

S'il le refuse, il viole le contrat et perd le droit de réclamer sa part des produits du travail social.

ART. 247

Tout être humain que son âge, ses infirmités, sa faiblesse empêchent de travailler, ou à qui la société ne peut donner du travail, conserve son droit intégral à une part des produits.

La loi détermine, par rapport à la production générale, la quantité minimum des objets de consommation et utilités nécessaires pour assurer l'existence de l'être humain.

Cette quantité est égale pour les adultes des deux sexes. Elle est moindre pour les enfants.

ART. 248

Pour permettre à chacun de retirer sa part, l'Etat lui en remet la valeur en monnaie. Cette monnaie n'a aucune valeur intrinsèque ; elle n'est que la représentation d'une quantité donnée d'utilités.

En conséquence tout être humain, sauf ceux qui pouvant travailler, refusent de le faire, doit recevoir depuis sa naissance jusqu'à sa mort la quantité de monnaie jugée nécessaire pour assurer la satisfaction de son minimum de besoins.

Quiconque, pouvant travailler, refuse de le faire, ne perd pas son droit à l'ensemble des avantages sociaux ; il ne perd que le salaire correspondant à sa part des produits.

ART. 249

Indépendamment du minimum assuré à tout être humain, chacun peut recevoir un supplément proportionné aux services qu'il rend à la société.

Art. 250

La loi détermine, selon les besoins de la production, le nombre des jours de repos et la durée de la journée de travail.

Cette durée est réduite pour les travaux pénibles ou dangereux.

La loi détermine aussi, selon le degré d'utilité ou de mérite de chaque profession, le supplément de salaire qui peut y être attaché.

Art. 251

Le mérite individuel de ceux qui exercent une même profession entraîne leur classement dans des catégories qui reçoivent des suppléments graduellement élevés.

Art. 252

Le prix des choses, fixé chaque année par une loi, est basé sur le taux des salaires et ne peut varier que dans la même proportion qu'eux, sauf les exceptions légalement établies.

La loi fixe également la nature des objets mis en vente dans les magasins nationaux.

Art. 253

La loi détermine l'âge à partir duquel l'être humain doit le travail et celui auquel il peut le cesser ; elle détermine aussi les circonstances dans lesquelles certains individus sont dispensés de travailler.

Art. 254

Quand est arrivé pour lui l'âge de la retraite, l'individu continue à recevoir non seulement le minimum commun à tous, mais le supplément auquel ses services l'avaient élevé au moment où il a cessé de travailler.

Art. 255

La femme mariée est dispensée du travail, tout en conservant son droit au minimum commun. Si ce minimum ne représente pas la moitié du salaire gagné par le mari, il est augmenté pour atteindre cette moitié. Cette augmentation se continue après la mort du mari. En cas de nouveau mariage la femme n'a droit qu'au minimum commun, élevé s'il y a lieu à la moitié du salaire de son nouveau mari.

Art. 256

La société est solidaire de ses membres ; elle les indemnise intégralement de toute perte accidentelle.

Section II

Moyens de production et d'échange

Art. 257

La nation, ayant l'obligation de pourvoir aux besoins de tous, est seule propriétaire des moyens de production et d'échange.

Elle peut en confier temporairement une partie à un individu ou à un groupe légalement constitué en association de production ; mais elle ne peut en aucun cas les aliéner. Peuvent cependant être appropriés individuellement les moyens de production et d'échange désignés à l'article 3, ainsi que les matières premières.

SECTION III

Usage des salaires

ART. 258

Chaque citoyen a la libre disposition du salaire qu'il a reçu. Il peut le dépenser pour ses besoins courants ou l'employer en achats d'objets mobiliers, d'objets d'art, d'objets compris à l'article 3 et à l'article 5 ou en disposer à sa volonté, à titre gratuit.

A sa mort, il peut par testament disposer librement de son avoir. En cas de mort sans testament, cet avoir est partagé entre ses enfants, par portions égales. En cas d'absence d'enfants, il revient à la nation.

ART. 259

L'exportation de tous objets est libre.

L'importation de tous objets destinés à l'usage privé de l'importateur, et ne devant servir ni au commerce ni à l'industrie, est autorisée, sauf les restrictions nécessitées par l'hygiène et la sécurité publiques.

SECTION IV

Droits divers

ART. 260

L'homme et la femme sont égaux devant la loi civile et pénale. Les hommes seuls font partie des conseils administratifs et des assemblées politiques ; seuls ils concourent à leur nomination.

L'union des sexes peut être consacrée par la loi sous la forme du mariage.

Le mariage peut être rompu par la volonté persistante d'un des époux, constatée dans les formes légales.

La loi ne reconnait aucun contrat civil entre deux époux. Chacun est propriétaire de la moitié de l'actif commun et peut le retirer à la dissolution du mariage.

ART. 261

Les enfants naissent égaux en droits. Aucune distinction n'est faite sur les actes de l'état civil entre ceux nés dans le mariage et ceux nés en dehors du mariage, lorsque ces derniers sont reconnus par leurs père et mère.

Les parents ou l'un d'eux, au refus de l'autre, sont chargés de la garde et de l'éducation de leurs enfants, à moins qu'ils n'en soient reconnus indignes. Ils peuvent toujours transférer ce droit à l'assistance sociale.

Les enfants reçoivent tous la même instruction primaire ; les degrés supérieurs de l'instruction sont réservés aux plus intelligents.

L'instruction est gratuite à tous les degrés et donnée dans les établissements publics.

L'enseignement comprend des notions sur les principaux systèmes philosophiques et religieux sans indication d'aucune préférence pour l'un d'entre eux.

ART. 262

Nul ne peut être troublé dans sa conscience ni dans la pratique du culte auquel il peut être attaché.

Toutes conventions à titre onéreux entre particuliers sont libres. Mais elles ne restent valables, nonobstant tous écrits et dispositions, que du consentement de toutes les parties et ne peuvent recevoir aucune exécution forcée par voie judiciaire.

Le choix et le changement de la profession et du domicile sont libres.

Art. 263

Les citoyens ont le droit de s'assembler paisiblement.

Ils ont également le droit d'exprimer leur opinion par paroles, écrits ou imprimés, sauf à répondre de l'abus de cette liberté dans les cas déterminés par la loi.

Toutes associations dont le but n'est pas contraire à la loi et à la morale peuvent être librement formées ; mais l'exécution des conventions passées entre associés n'est garantie par aucune sanction judiciaire civile, sauf pour celles qui se proposent un but lucratif et seulement dans les cas prévus par la loi.

CHAPITRE II

Des Pouvoirs publics

Art. 264

La souveraineté est une, indivisible, inaliénable et imprescriptible ; elle appartient à la nation; aucune fraction du peuple ni aucun individu ne peut s'en attribuer l'exercice.

La nation, de qui seule émane tous les pouvoirs, ne peut les exercer que par délégation (1).

ART. 265

Le pouvoir législatif est délégué à la Chambre des députés, composée de représentants élus au suffrage universel, pour être exercé par elle, avec le concours du Conseil d'Etat et du Pouvoir Exécutif, et sous le contrôle du Sénat, de la manière qui sera déterminée ci-après.

ART. 266

Le Pouvoir Exécutif est délégué au Président de la République, pour être exercé, en son nom, par des ministres responsables, de la manière qui sera déterminée ci-après.

CHAPITRE III

De la Chambre des députés

ART. 267

Le nombre des représentants à la Chambre des députés est de 300.

Ils sont nommés par les départements et les colonies suivant la répartition ci-après.

ART. 268

Chaque département métropolitain, chaque département algérien et chacune des colonies de la

1. Constitution du 3 septembre 1791. Titre III, articles 1 et 2.

Les passages en italique sont la reproduction de textes de lois antérieures,

Martinique, de la Guadeloupe, de la Réunion, de l'Inde française, de la Guyane, du Sénégal et de la Cochinchine française forment une circonscription électorale.

Les circonscriptions électorales sont classées chaque année par ordre d'importance, d'après le nombre des électeurs qu'elles comprennent.

Art. 269

La circonscription comprenant le plus grand nombre d'électeurs élit 20 députés.

Celle qui vient ensuite élit 15 députés.

Les 2	qui viennent ensuite	élisent chacune	12 députés
Les 3	—	—	10 —
Les 4	—	—	8 —
Les 5	—	—	6 —
Les 6	—	—	4 —
Les 10	—	—	3 —
Les 30	—	—	2 —

Enfin les 35 dernières élisent chacune un député.

Art. 270

Nul ne peut être député s'il n'est Français, âgé de vingt-cinq ans au moins, et s'il ne jouit de ses droits civils et politiques.

Art. 271

Les députés sont élus dans chaque circonscription électorale à la majorité absolue au premier tour ; au deuxième tour, la majorité relative suffit.

S'il y a plusieurs représentants à élire, l'élection a lieu au scrutin de liste.

ART. 272

Les députés *sont élus pour neuf ans et renouvelables par tiers tous les trois ans.*

Au début de la première session, les circonscriptions électorales *seront divisées en trois séries contenant chacune un égal nombre de* députés. *Il sera procédé, par la voie du tirage au sort, à la désignation des séries qui devront être renouvelées à l'expiration de la première et de la deuxième période triennale* (1).

ART. 273

La Chambre des députés se réunit chaque année le second mardi de janvier, à moins d'une convocation antérieure faite par le Président de la République (2).

La session ordinaire dure cinq mois au moins.

Le Président de la République prononce la clôture de la session. Il a le droit de convoquer extraordinairement la Chambre. Il devra la convoquer si la demande en est faite, dans l'intervalle des sessions, par la majorité absolue des membres composant la Chambre (3).

ART. 274

Les séances de la Chambre sont publiques. Néanmoins elle peut se former en comité secret sur la demande d'un certain nombre de ses membres fixé par le règlement.

Elle décide ensuite à la majorité absolue, si la

1. Loi constitut. du 24 février 1875, art. 6.
2. Loi constitut. du 16 juillet 1875, art. 1.
3. Loi constitut. du 16 juillet 1875, art. 2.

séance doit être reprise en public sur le même sujet (1).

ART. 275

La Chambre est juge de l'éligibilité de ses membres et de la régularité de leur élection ; elle peut seule recevoir leur démission (2).

ART. 276

Le bureau de la Chambre est élu chaque année pour la durée de la session, et pour toute session extraordinaire qui aurait lieu avant la session ordinaire de l'année suivante (3).

CHAPITRE IV

Du Sénat.

ART. 277

Le nombre des sénateurs est de cent.

Ils sont inamovibles.

Les premiers sénateurs sont élus par l'Assemblée constituante.

En cas de vacance par décès, ou toute autre cause, il serait, dans les deux mois, pourvu au remplacement par le Sénat lui-même (4).

1. Loi constitut. du 16 juillet 1875, art. 5.
2. Même loi, art. 10.
3. Même loi, art. 11.
4. Loi const. du 24 février 1875, art. 7.

Art. 278

Nul ne peut être sénateur s'il n'est Français, âgé de quarante ans au moins et s'il ne jouit de ses droits civils et politiques (1).

Art. 279

Les sénateurs nommés par l'Assemblée constituante sont élus au scrutin de liste et à la majorité absolue des suffrages (2) quel que soit le nombre des épreuves.

Les sénateurs nommés en cas de vacance sont élus au scrutin uninominal et à la majorité absolue des suffrages quel que soit le nombre des épreuves.

Art. 280

Le Sénat est le gardien des bases fondamentales du socialisme, indiquées énonciativement, mais non limitativement, au chapitre 1er du présent titre, et des dispositions constitutionnelles contenues aux autres chapitres du même titre.

Aucune loi ne peut être promulguée avant de lui avoir été soumise (3).

Art. 281

Le Sénat s'oppose à la promulgation des lois contraires à la constitution et aux principes fondamentaux du socialisme. Il accepte les modifications constitutionnelles qui lui paraissent justifiées, lorsqu'elles ne portent pas atteinte au

1. Loi Constitut. du 24 février 1875, art. 3.
2. Même loi, art. 5.
3. Constitution de 1852, art. 25.

principe de l'inaliénabilité des moyens de production et d'échange entre les mains de la Nation. S'il désapprouve les lois non constitutionnelles, il le fait connaître par délibérations et conclut au rejet ou à des modifications.

ART. 282

Le Sénat maintient ou annule tous les actes qui lui sont déférés comme inconstitutionnels (1) par le pouvoir exécutif, la Chambre des députés, le Conseil d'Etat, un conseil général ou un conseil municipal.

ART. 283

Le Sénat peut, dans un rapport adressé au Président de la République, poser les bases des projets de loi d'un grand intérêt national (2).

ART. 284

L'article 273 est applicable aux sessions du Sénat, qui commencent et prennent fin en même temps que celles de la Chambre.

Les articles 274, 275 et 276 sont également applicables au Sénat.

ART. 285

En cas de dissolution de la Chambre des députés, et jusqu'à la réunion de la nouvelle Chambre, *le Sénat sur la proposition du Président de la République, pourvoit, par des mesures d'urgence*,

1. Constitution de 1852, art. 29.
2. Même Constitution, art. 30.

à tout ce qui est nécessaire à la marche du gouvernement (1).

ART. 286

Le Sénat peut être constitué en cour de justice pour juger, soit le Président de la République, soit les ministres, et pour connaître des attentats commis contre la sûreté de l'Etat (2).

ART. 287

Il sera procédé à l'élection du Sénat un mois avant l'époque fixée par l'Assemblée constituante *pour sa séparation. Le Sénat entrera en fonction et se constituera le jour même où l'Assemblée* constituante *se séparera* (3).

CHAPITRE V

Du Conseil d'Etat

ART. 288

Le Conseil d'Etat se compose de quatre-vingts *conseillers d'Etat en service ordinaire et de* vingt *conseillers d'Etat en service extraordinaire.*

Il y a auprès du Conseil d'Etat vingt-cinq *maîtres des requêtes et* vingt-cinq *auditeurs* (4).

1. Constitution de 1852, art. 33.
2. Loi const. du 24 février 1875, art. 9.
3. Même loi, art. 10.
4. Loi du 24 mai 1872, art. 1er.

ART. 289

Les ministres ont rang et séance à l'assemblée générale du Conseil d'Etat. Chacun d'eux a voix délibérative pour les affaires qui dépendent de son ministère. Le garde des Sceaux a voix délibérative toutes les fois qu'il préside soit l'Assemblée générale, soit les sections (1).

ART. 290

Les conseillers d'Etat en service ordinaire sont élus par le Sénat *en séance publique et à la majorité absolue.*

L'élection a lieu au scrutin de liste la première fois et à chaque renouvellement partiel. Elle a lieu au scrutin uninominal s'il y a lieu de pourvoir à des vacances.

Après deux épreuves, il est procédé à un scrutin de ballottage entre les candidats qui ont obtenu le plus de suffrages, en nombre double de ceux qui restent encore à élire.

En cas de vacance, par décès, démission ou autre cause *d'un conseiller d'Etat*, le Sénat *procède, dans le mois, à l'élection d'un nouveau membre.*

Les conseillers d'Etat sont renouvelés par tiers tous les trois ans ; les membres sortants sont désignés par le sort et indéfiniment rééligibles (2).

ART. 291

Le Conseil d'Etat est présidé par le garde des Sceaux, ministre de la Justice, et en son absence

1. Loi du 24 mai 1872, art. 2.
2. Même loi, art. 3.

par un vice-président. Le vice-président est nommé par décret du Président de la République et choisi parmi les conseillers en service ordinaire (1).

Art. 292

Les conseillers d'État en service extraordinaire sont nommés par le Président de la République ; ils perdent leur titre de conseiller d'Etat, de plein droit, dès qu'ils cessent d'appartenir à l'administration active.

Les maîtres des requêtes et le secrétaire général sont nommés par décret du président de la république ; ils ne peuvent être révoqués que par décret individuel.

Les auditeurs de deuxième classe sont nommés au concours (2) *les auditeurs de première classe sont nommés par décret du Président de la République* (3).

Art. 293

Les auditeurs de première classe sont choisis exclusivement parmi les auditeurs ou anciens auditeurs de deuxième classe.

Les maîtres des requêtes sont choisis exclusivement parmi les auditeurs ou anciens auditeurs de première classe.

Un cinquième des conseillers d'État en service ordinaire est choisi parmi les maîtres des requêtes ou anciens maîtres des requêtes.

1. *Id.*, art. 4.
2. *Id.*, art. 5.
3. Loi du 13 juillet 1879, art. 2.

ART. 294

Nul ne peut être nommé conseiller d'État s'il n'est âgé de quarante ans accomplis ; maître des requêtes, s'il n'est âgé de trente ans ; auditeur de première classe s'il n'est âgé de vingt-cinq ans et auditeur de deuxième classe s'il n'est âgé de vingt et un ans.

ART. 295

Le Conseil d'État prête son concours à titre consultatif à la Chambre des députés pour l'élaboration des lois et au pouvoir exécutif pour l'élaboration des décrets et règlements d'administration publique.

La juridiction qui lui était attribuée, en matière contentieuse administrative, par les lois du 24 mai 1872 et 13 juillet 1879, ainsi que par les lois ou règlements antérieurs sera exercée par la Cour de cassation.

CHAPITRE VI

Du Pouvoir exécutif

ART. 296

Le Président de la République est élu à la majorité absolue des suffrages par le Sénat et par la Chambre des députés réunis en Assemblée Nationale.

Il est nommé pour sept ans. Il est rééligible (1).

1. Loi constitutionnelle du 25 février 1875, art. 2.

ART. 297

Le Président de la République a l'initiative des lois, concurremment avec les membres de la Chambre des députés. Il promulgue les lois lorsqu'elles ont été votées définitivement par la Chambre des députés et que le Sénat ne s'oppose point à la promulgation pour raison d'inconstitutionnalité ou en cas d'opposition, quand la loi a été maintenue par une Chambre nouvelle, conformément aux dispositions des articles 307 et 308. *Il en surveille et en assure l'exécution.*

Il a le droit de faire grâce ; les amnisties ne peuvent être accordées que par une loi.

Il dispose de la force armée.

Il nomme à tous les emplois civils et militaires.

Il préside aux solennités nationales ; les envoyés et les ambassadeurs étrangers sont accrédités auprès de lui.

Chacun des actes du Président de la République doit être contresigné par un ministre (1).

ART. 298

Les ministres sont responsables devant la Chambre des députés.

Le Président de la République n'est responsable que dans le cas de haute trahison (2).

ART. 299

En cas de vacance par décès ou pour toute

1. Loi constitut. du 25 février 1875, art. 3.
2. Même loi, art. 6.

autre cause, la Chambre des députés et le Sénat *réunis procèdent immédiatement à l'élection d'un nouveau Président.*

Dans l'intervalle, le Conseil des ministres est investi du pouvoir exécutif (1).

CHAPITRE VII

Rapports des Pouvoirs publics

Art. 300

Le siège du Pouvoir exécutif, de la Chambre des députés, du Sénat et du Conseil d'Etat, est à Paris.

Lorsque le Sénat se réunit avec la Chambre pour l'élection du Président de la République, l'Assemblée nationale a lieu dans la salle des séances de la Chambre. Son bureau se compose des président, vice-présidents et secrétaires du Sénat.

Art. 301

Un mois au moins avant le terme légal des pouvoirs du Président de la République, le Sénat et la Chambre *devront être réunis en Assemblée nationale pour procéder à l'élection du nouveau Président.*

A défaut de convocation, cette réunion aurait

1. Loi constitut. du 25 février 1875, art. 7.

lieu de plein droit le quinzième jour avant l'expiration de ces pouvoirs.

En cas de décès ou de démission du Président de la République, le Sénat et la Chambre *se réunissent immédiatement et de plein droit.*

Dans le cas où, par application des articles 307 et 309, *la Chambre se trouverait dissoute au moment où la Présidence de la République deviendrait vacante, les collèges électoraux seraient aussitôt convoqués et le Sénat se réunirait de plein droit* (1).

ART. 302

Le Président de la République communique avec la Chambre et le Sénat *par des messages qui sont lus à la tribune par un ministre.*

Les ministres ont leur entrée à la Chambre et au Sénat *et doivent être entendus quand ils le demandent. Ils peuvent se faire assister par des commissaires désignés, pour la discussion d'un projet de loi déterminé, par décret du Président de la République* (2).

ART. 303

Toute proposition de loi émanant d'un ou plusieurs membres de la Chambre des députés sera, aussitôt après sa prise en considération, renvoyée à l'examen du Conseil d'Etat. Elle ne pourra être mise en discussion, soit en séance publique, soit dans les bureaux, avant le dépôt des observations et conclusions du Conseil d'Etat.

Ces observations et conclusions ne porteront

1. Loi const. du 16 juillet 1875, art. 3.
2. Même loi, art 6.

pas sur le fond de la proposition, mais sur les contradictions et incompatibilités qui pourront exister entre elle et la législation en vigueur, et les difficultés que pourra soulever son application.

Le Conseil d'Etat déléguera un de ses membres pour exposer et défendre son opinion devant la Chambre des députés où il aura la parole après le rapporteur.

Art. 304

Toute loi définitivement adoptée par la Chambre des députés sera également soumise à l'examen du Conseil d'Etat, au point de vue indiqué par l'article précédent.

Si le Conseil d'Etat ne formule aucune observation, elle sera immédiatement transmise au Sénat.

Si des observations sont présentées, la loi sera remise en discussion à la Chambre, devant laquelle le Conseil d'Etat fera soutenir ses conclusions par un de ses membres, comme il est dit à l'article précédent.

La loi sera transmise au Sénat aussitôt qu'elle aura été de nouveau adoptée par la Chambre, avec ou sans modifications.

Art. 305

Quand la loi transmise au Sénat ne lui paraîtra apporter aucune modification à la Constitution ni consacrer aucune violation des principes fondamentaux du socialisme, le Sénat le constatera.

Il donnera ensuite son opinion motivée sur la loi soumise à son examen et conclura soit à son adoption, soit à des modifications, soit à son rejet pur et simple.

La loi sera de nouveau soumise à la Chambre, devant laquelle un sénateur sera délégué par ses collègues pour soutenir leurs conclusions, dans les conditions fixées ci-dessus pour le Conseil d'État.

Après le nouveau vote de la Chambre, qu'il soit ou non conforme aux conclusions du Sénat, la loi deviendra définitive.

Art. 306

Quand la loi transmise au Sénat lui paraîtra apporter des modifications à la Constitution, tout en ne constituant pas une violation des principes essentiels du socialisme, le Sénat donnera son avis motivé sur la loi et sur les modifications proposées. La loi ne deviendra définitive que quand la Chambre et le Sénat se seront mis d'accord sur un texte commun.

Art. 307

Quand la loi transmise au Sénat lui paraîtra constituer une violation des principes essentiels du socialisme, le Sénat s'opposera à sa promulgation.

Si la Chambre maintient alors la loi par un nouveau vote, le Sénat pourra maintenir son opposition pendant deux ans au plus ; durant ce délai la loi ne pourra être promulguée.

A l'expiration des deux ans, ou plus tôt si le Sénat le juge à propos, la loi sera de nouveau soumise à la Chambre.

Si la Chambre persiste à la voter, le Président de la République dissoudra la Chambre et convoquera les collèges électoraux pour de nouvelles élections, qui devront avoir lieu dans le délai de trois mois.

La loi sera promulguée si la nouvelle Chambre l'adopte de nouveau.

ART. 308

Le délai suspensif de deux ans accordé au Sénat sera porté à cinq ans à l'encontre des lois qui pourront émaner de la première Chambre des députés élue après la mise en vigueur de la présente constitution.

ART. 309

En dehors des cas prévus par l'article 307, le Président de la République pourra, sur l'avis conforme du Sénat, dissoudre la Chambre ; les collèges électoraux seront convoqués dans les termes de l'article 307.

ART. 310

Le Président de la République pourra ajourner la Chambre et le Sénat. *Toutefois l'ajournement ne pourra excéder le terme d'un mois, ni avoir lieu plus de deux fois dans la même session* (1).

ART. 311

Le Président de la République promulgue les lois dans le mois qui suit la transmission au Gouvernement de la loi définitivement adoptée. Il doit promulguer dans les trois jours les lois dont la promulgation, par un vote exprès de la Chambre et du Sénat, *aura été déclarée urgente.*

1. Loi const. du 16 juillet 1875, art. 2.

Dans le délai fixé pour la promulgation, le Président de la République peut, par un message motivé, demander à la Chambre *une nouvelle délibération qui ne peut être refusée* (1).

ART. 312

Le Président de la République négocie et ratifie les traités. Il en donne connaissance à la Chambre et au Sénat *aussitôt que l'intérêt et la sûreté de l'Etat le permettent.*

Les traités de paix, de commerce, les traités relatifs à l'état des personnes et au droit de propriété des Français à l'étranger ne sont définitifs qu'après avoir été approuvés par la Chambre et le Sénat. *Nulle cession, nul échange, nulle adjonction de territoire ne peut avoir lieu qu'en vertu d'une loi* (2).

ART. 313

Le Président de la République ne peut déclarer la guerre sans l'assentiment préalable de la Chambre et du Sénat (3).

ART. 314

Toute assemblée de la Chambre ou du Sénat *qui serait tenue hors du temps de la session commune est illicite et nulle de plein droit, sauf le cas prévu par l'article* 301 *et celui où le Sénat est réuni comme cour de justice ; et dans ce dernier cas, il ne peut exercer que des fonctions judiciaires* (4).

1. Loi constitut. du 16 juillet 1875, art. 7.
2. Même loi, art. 8.
3. Même loi, art. 9.
4. Même loi, art. 4.

Art. 315

Le Président de la République ne peut être mis en accusation que par la Chambre des députés et ne peut être jugé que par le Sénat. Il est suspendu de ses fonctions par le fait seul du vote qui le met en accusation, jusqu'à ce que le Sénat ait statué. Pendant ce temps, la présidence de la République est exercée par le Président du Sénat.

Cependant, en cas de violation de la Constitution par le Président de la République, si la Chambre est mise dans l'impossibilité de se réunir, ou si elle se refuse à voter l'accusation, le Sénat prononce la déchéance du Président de la République. Il convoque les électeurs dans les délais de l'article 307.

Si la nouvelle Chambre couvre le Président déchu, il est réintégré dans ses fonctions. Sinon il est procédé à l'élection d'un nouveau Président.

Les ministres peuvent être mis en accusation par la Chambre des députés pour crimes commis dans leurs fonctions. En ce cas, ils sont jugés par le Sénat.

Le Sénat peut être constitué en cour de justice par un décret du Président de la République, rendu en Conseil des ministres, pour juger toute personnalité prévenue d'attentat commis contre la sûreté de l'Etat.

Si l'instruction est commencée par la justice ordinaire, le décret de convocation du Sénat peut être rendu jusqu'à l'arrêt de renvoi (1).

Art. 316

Aucun membre de la Chambre et du Sénat ne

1. Loi constitut. du 16 juillet 1875, art. 12.

peut être poursuivi ou recherché à l'occasion des opinions ou votes émis par lui dans l'exercice de ses fonctions (1).

CHAPITRE VIII

Dispositions transitoires

ART. 317

Dans le cas où les pouvoirs du Président de la République ne viendraient pas à expiration avant la séparation de l'Assemblée constituante, celle-ci y mettra fin par anticipation et élira un nouveau Président de la République, dans les termes de l'article 296, deux mois au moins avant de se dissoudre. L'ancien Président pourra être réélu.

ART. 318

Le Président de la République convoquera les collèges électoraux le lendemain de la séparation de l'Assemblée constituante, pour l'élection de la Chambre des députés ; le premier tour de scrutin aura lieu dans le mois.

ART. 319

Dans le même délai le Sénat, réuni extraordinairement, procédera à l'élection des quatre-vingts conseillers d'Etat en service ordinaire.

ART. 320

Le Président de la République convoquera la

1. Loi constitut. du 16 juillet 1875, art. 13.

Chambre et le Sénat dans la quinzaine du scrutin de ballottage pour l'élection de la Chambre.

TITRE X

LOI ORGANIQUE ET POLITIQUE

CHAPITRE PREMIER

Dispositions relatives au Parlement

ART. 321

Aucun projet ou proposition de loi ne sera adopté définitivement par la Chambre des députés sans avoir été l'objet de deux lectures, à un intervalle d'un mois au moins, sans préjudice des délibérations ultérieures auxquelles pourront donner lieu les observations du Conseil d'Etat et du Sénat.

Cependant les projets et propositions en faveur desquels l'urgence aurait été déclarée ne seront soumis qu'à une seule lecture.

ART. 322

Les députés et les sénateurs auront droit à une indemnité à laquelle ils ne pourront renoncer; elle sera égale pour les membres des deux assemblées; son montant sera fixé conformément à l'article 174.

Cette indemnité ne pourra être cumulée avec aucun traitement ni pension de retraite, ni avec les rentes instituées par l'article 13 ; l'indemnité, traitement, pension ou rente atteignant le chiffre le plus élevé sera seul alloué aux intéressés.

L'indemnité parlementaire pourra être cumulée :

1° Avec les rentes instituées par les articles 11 et 12 ;

2° Avec les redevances et pensions attribuées par les articles 186 et 187 aux auteurs et éditeurs de livres, brochures et publications périodiques, aux auteurs lyriques et dramatiques, aux inventeurs et aux auteurs de découvertes scientifiques.

Art. 323

Aucun militaire ou marin faisant partie des armées actives de terre ou de mer ne pourra, quels que soient son grade ou ses fonctions, être élu sénateur ni député.

Cette disposition s'applique aux militaires et marins en disponibilité ou en non-activité; mais elle ne s'étend ni aux officiers placés dans la seconde section du cadre de l'état-major général, ni à ceux qui, maintenus dans la première section comme ayant commandé en chef devant l'ennemi, ont cessé d'être employés activement.

La disposition contenue dans le premier paragraphe du présent article ne s'applique pas à la réserve de l'armée active ni à l'armée territoriale (1).

La loi du 20 juillet 1895, sur les obligations militaires des membres du Parlement, reste en vigueur.

Art. 324

Les fonctions de sénateur et le mandat de député

1. Loi du 30 novembre 1875, art. 7.

sont incompatibles avec l'exercice de toute fonction et de tout emploi.

En conséquence, tout citoyen actif élu sénateur ou député sera remplacé dans ses fonctions ou dans son emploi si, dans les huit jours qui suivront la vérification des pouvoirs, il n'a pas fait connaître qu'il n'accepte pas les fonctions sénatoriales ou le mandat législatif dont il a été investi.

Ces dispositions sont applicables aux ouvriers, journaliers et cultivateurs de grande et de petite culture.

Elles ne sont pas applicables aux fonctions de ministre et de sous-secrétaire d'état.

A titre exceptionnel, la Chambre et le Sénat pourront, par des délibérations spéciales, au moment de la vérification des pouvoirs, lever l'incompatibilité en faveur de certains de leurs membres, lorsqu'elles reconnaîtront un haut intérêt général à cette dérogation.

Art. 325

Tout citoyen actif élu député rentre de plein droit, à l'expiration de son mandat et s'il n'est pas renouvelé, en possession de la fonction qu'il occupait antérieurement, ou d'un emploi ou fonction équivalent.

Art. 326

Aucun membre de la Chambre et du Sénat *ne peut, pendant la durée de la session, être poursuivi ou arrêté, en matière criminelle ou correctionnelle, qu'avec l'autorisation de* l'assemblée *dont il fait partie, sauf le cas de flagrant délit.*

La détention ou la poursuite d'un député ou d'un sénateur *est suspendue pendant la session et pour toute sa durée si* l'assemblée *le requiert* (1).

ART. 327

En cas de vacance d'un siège à la Chambre, *par décès, démission ou autrement, l'élection devra être faite dans le délai de trois mois* (2).

ART. 328

Le Palais du Luxembourg et le Palais Bourbon demeurent *affectés : le premier au service du Sénat ; le second, à celui de la Chambre des députés.*

Néanmoins la Chambre et le Sénat *demeurent* maîtres *de désigner, dans la ville de Paris, le Palais* qu'ils veulent *occuper* (3).

ART. 329

Les locaux du Palais de Versailles, réservés au service de l'Assemblée nationale, sont désaffectés.

Lorsqu'il siège comme cour de justice, le Sénat désigne la ville et le local où il entend tenir ses séances.

ART. 330

Les Présidents du Sénat et de la Chambre des députés sont chargés de veiller à la sûreté intérieure et extérieure de l'assemblée qu'ils président.

A cet effet, ils ont le droit de requérir la force armée et toutes les autorités dont ils jugent le concours nécessaire.

1. Loi const. du 16 juillet 1875, art. 14.
2. Loi du 30 novembre 1875, art. 16.
3. Loi du 22 juillet 1879, art. 2.

Les réquisitions peuvent être adressées directement à tous officiers, commandants et fonctionnaires, qui sont tenus d'y obtempérer immédiatement, sous les peines portées par les lois.

Les Présidents du Sénat et de la Chambre des députés peuvent déléguer leur droit de réquisition aux questeurs ou à l'un d'eux (1).

Art. 331

Toute pétition à la Chambre ou au Sénat *ne peut être faite et présentée que par écrit. Il est interdit d'en apporter en personne ou à la barre.*

CHAPITRE II

Promulgation et effets des Lois

Art. 332

Les lois sont exécutoires dans tout le territoire français en vertu de la promulgation qui en est faite par le Président de la République.

La promulgation des lois résulte de leur insertion au *Journal officiel*.

Les lois sont exécutoires, à Paris, un jour franc après la promulgation, et partout ailleurs, dans chaque arrondissement, un jour franc après que le *Journal officiel* qui les contient est parvenu au chef-lieu de cet arrondissement.

Cette date est constatée par un registre tenu à la préfecture et à la sous-préfecture.

1. Loi du 22 juillet 1879, art. 5.

ART. 333

La loi ne dispose que pour l'avenir ; elle n'a point d'effet rétroactif (1).

ART. 334

Les lois de police et de sûreté obligent tous ceux qui habitent le territoire.

Les lois concernant l'état et la capacité des personnes régissent les Français, même résidant en pays étranger (2).

ART. 335

On ne peut déroger par des conventions particulières aux lois qui intéressent l'ordre public et les bonnes mœurs (3).

CHAPITRE III

Des Élections

ART. 336

Les députés, conseillers généraux et conseillers municipaux sont élus par le suffrage direct universel.

Sont électeurs tous les Français âgés de vingt et un ans accomplis, et n'étant dans aucun cas d'incapacité prévu par la loi.

ART. 337

Il est établi, à la mairie de chaque commune,

1. Code civil, art. 2.
2. Code civil, art. 3.
3. Code civil, art. 6.

une liste électorale qui est applicable à toutes les élections, et sur laquelle sont inscrits tous les électeurs résidant dans la commune.

La liste électorale est revisable tous les ans dans les conditions déterminées par décret.

Art. 338

Les militaires et assimilés de tous grades et de toutes armes des armées de terre et de mer ne prennent part à aucun vote quand ils sont présents à leur corps, à leur poste, ou dans l'exercice de leurs fonctions Ceux qui, au moment de l'élection sont en résidence libre, en non-activité, ou en possession d'un congé régulier, peuvent voter dans la commune sur les listes de laquelle ils sont régulièrement inscrits. Cette dernière disposition s'applique également aux officiers et assimilés qui sont en disponibilité ou dans le cadre de réserve (1).

Art. 339

Les électeurs sont convoqués pour les élections à la Chambre des députés, aux conseils généraux et aux conseils municipaux par arrêtés préfectoraux un mois au moins avant la date de l'élection. L'arrêté fixe le local où le scrutin sera ouvert, ainsi que les heures auxquelles il doit être ouvert et fermé ; il divise certaines communes en plusieurs bureaux de vote et prescrit la distribution des cartes électorales.

Art. 340

Sont éligibles tous les électeurs âgés de vingt-

1. Loi du 30 novembre 1875, art. 2

cinq ans au moins le jour de l'élection, à l'exception des militaires visés à l'article 323.

Art. 341

Les préfets, sous-préfets et gouverneurs de colonies ne peuvent être élus par la circonscription électorale où ils exercent leurs fonctions.

Art. 342

Quinze jours au plus tard avant l'élection, tout candidat doit faire la déclaration de sa candidature à la préfecture s'il s'agit d'une élection à la Chambre, à la sous-préfecture s'il s'agit d'une élection au conseil général, à la mairie s'il s'agit d'une élection municipale.

Il dépose en même temps un exemplaire de sa profession de foi dont l'étendue maximum est fixée par décret.

S'il s'agit d'une élection au scrutin de liste, la liste et la profession de foi doivent être déposées et signées par tous les candidats qui y sont portés.

Art. 343

Les bulletins et professions de foi de tous les candidats sont imprimés par les soins du préfet, du sous-préfet ou du maire sur un papier blanc de dimension, de poids, et d'aspect rigoureusement uniformes pour tous les candidats.

Un exemplaire du bulletin et de la profession de foi de chaque candidat ou de chaque liste est envoyé par la poste à tous les électeurs, sous une enveloppe commune, par les soins du préfet, du sous-préfet ou du maire, huit jours au moins avant le jour du vote.

Les mêmes imprimés sont affichés dans le même délai à la porte de chaque salle de scrutin, où, le jour du vote, des bulletins de chaque candidat ou de chaque liste, ainsi que des bulletins blancs de papier semblable, sont tenus à la disposition des électeurs.

Il est interdit de distribuer, colporter ou afficher d'autres imprimés ou documents manuscrits relatifs à l'élection.

ART. 344

Les opérations électorales ont lieu conformément aux dispositions des articles 17, 18, 19, 20, 21, 22, 23, 24, des trois derniers paragraphes de l'article 25, des articles 26, 27, 28, 29 et du paragraphe 1 de l'article 30 de la loi du 5 avril 1884.

ART. 345

Les assemblées électorales sont ouvertes à tous les électeurs de la commune.

Les candidats ont accès à toutes les assemblées.

Ils peuvent faire contrôler les opérations électorales dans chaque commune par un délégué, même étranger à la commune. Une même liste de candidats n'a droit qu'à un délégué.

ART. 346

Une cabine d'isolement est installée dans les salles de vote ; les électeurs n'y sont admis que séparément ; ils y trouvent des bulletins en blanc, de l'encre et des plumes.

Les bulletins portant un signe extérieur sont annulés.

Art. 347

Lorsqu'un deuxième tour de scrutin est nécessaire il a lieu le deuxième dimanche suivant. Le maire fait les publications qu'ilcomporte.

Les candidatures maintenues sont déclarées, les bulletins et professions de foi sont déposés, conformément à l'article 342, huit jours au moins avant le jour du vote.

Les bulletins et professions de foi sont imprimés, distribués et affichés, conformément à l'article 343, trois jours au moins avant le jour du vote.

Art. 348

Nul ne peut être candidat aux mêmes fonctions dans plus de deux circonscriptions à la fois. Si des candidatures multiples se produisent, les bulletins et professions de foi y afférents ne sont imprimés, distribués ni affichés dans aucune circonscription.Si par erreur les dits bulletins et professions de foi sont imprimés et publiés, et si les candidats sont élus, l'élection est annulée de plein droit, sans préjudice des pénalités encourues.

Art. 349

Tout mandat impératif, est nul et de nul effet (1).

Art. 350

Tout électeur d'une commune ou d'une circonscription et tout candidat qui s'y est présenté a le droit d'arguer de nullité les opérations électorales de cette commune ou de cette circonscription.

1. Loi du 30 nov. 1875, art. 13.

Les réclamations doivent être consignées au procès-verbal, sinon déposées, à peine de nullité, dans les huit jours qui suivront le jour de l'élection, au secrétariat de la mairie s'il s'agit d'une élection municipale, à la sous-préfecture, s'il s'agit d'une élection au conseil général, à la préfecture s'il s'agit d'une élection législative.

Pareil recours peut être exercé par le préfet dans un délai de quinze jours.

ART. 351

Les réclamations relatives aux élections municipales sont déférées à la justice de paix, celles relatives aux élections au conseil général sont déférées au tribunal départemental et celles relatives aux élections législatives à la Chambre des députés elle-même.

Les décisions des juges de paix sont sujettes à appel devant le tribunal départemental qui statue en dernier ressort.

Les décisions des tribunaux départementaux peuvent être déférées à la Cour de cassation pour violation ou fausse interprétation de la loi.

CHAPITRE IV

Organisation du Conseil d'Etat

ART. 352

Aucun règlement d'administration publique ni décret en forme de règlement d'administration publique n'est exécutoire s'il n'a reçu l'approbation du Conseil d'Etat. Les décrets à rendre en vertu de l'article 245 seront en forme de règlements d'administration publique. Pour les décrets ordinaires, le concours du Conseil d'Etat lui est facultativement demandé par le gouvernement qui, d'ailleurs, peut passer outre en cas de divergence.

Art. 353

S'il y a désaccord, entre le gouvernement et le Conseil d'Etat, sur les termes d'un règlement d'administration publique ou d'un décret en forme de règlement d'administration publique, le projet de règlement ou de décret est transformé en projet de loi et soumis à la Chambre des députés.

Les règlements et décrets sur lesquels l'accord s'est établi entrent immédiatement en vigueur. Néanmoins, si le Sénat juge qu'ils portent atteinte à la Constitution ou aux principes fondamentaux du socialisme, il le signale dans une délibération à la suite de laquelle le gouvernement doit immédiatement suspendre par un nouveau décret l'exécution des articles incriminés.

Si le gouvernement ne se met pas d'accord avec le Conseil d'Etat sur un nouveau texte, tenant compte des observations du Sénat, il doit appliquer le paragraphe 1 du présent article.

Art. 354

L'interprétation de l'article 415 de la présente loi appartient au Conseil d'Etat, qui codifiera dans le plus bref délai les dispositions maintenues, lesquelles feront l'objet d'un règlement d'administration publique.

En attendant que ce règlement soit publié, le

Conseil d'Etat donnera d'urgence, sur les points en litige qui lui seront soumis par les autorités administratives ou les tribunaux, des avis qui auront provisoirement force exécutoire et seront publiés au *Journal officiel*.

Art. 355

Le Conseil d'Etat est divisé en dix sections composées chacune d'un président de section, de sept conseillers en service ordinaire, des conseillers en service extraordinaire, des maîtres des requêtes et des auditeurs qui peuvent lui être attribués par arrêtés du ministre de la Justice, suivant les besoins du service.

Chaque section ne délibère valablement que si cinq conseillers en service ordinaire au moins, non compris le président, sont présents à la séance.

Art. 356

L'Assemblée générale ne délibère valablement que si cinquante de ses membres au moins ayant voix délibérative, sont présents à la séance.

En cas de partage, la voix du président de section ou du président de l'Assemblée générale est prépondérante.

Art. 357

Les sections font fonction de commissions; elles présentent un rapport, sur toutes les questions qui leur sont soumises, à l'Assemblée générale dont les décisions seules sont définitives.

Art. 358

Les auditeurs de première et de deuxième classe ne siègent qu'à leur section ; les auditeurs de deuxième classe n'ont que voix consultative ; les auditeurs de première classe ont voix délibérative dans les questions dont ils sont les rapporteurs.

Les maîtres des requêtes n'ont que voix consultative à l'Assemblée générale ; ils ont voix délibérative à leur section.

Les conseillers en service extraordinaire ont voix délibérative à leur section ainsi qu'à l'Assemblée générale, dans les questions qui dépendent du département ministériel auquel ils appartiennent.

Art. 359

Un règlement d'administration publique statuera sur l'ordre intérieur des travaux du Conseil, sur la répartition des questions entre les sections, sur le mode de roulement des membres entre les sections et sur les mesures d'exécution non prévues par la présente loi (1).

Art. 360

Les Conseillers d'Etat en service ordinaire peuvent être suspendus, pour un temps qui ne pourra pas excéder deux mois, par décret du Président de la République.

Le Sénat est de plein droit saisi de l'affaire par le décret qui a prononcé la suspension ; il maintient ou révoque le Conseiller d'Etat. En cas de révo-

1. Loi du 24 mai 1872, article 10.

cation, il procède au remplacement dans le mois.

Art. 361

Les fonctions de conseiller d'Etat en service ordinaire sont incompatibles avec l'exercice d'un mandat législatif, ainsi qu'avec tout emploi ou fonction publique.

Certains chefs de service, désignés par un règlement d'administration publique, peuvent être temporairement détachés au Conseil d'Etat par arrêtés du ministre de la Justice, dans les conditions indiquées par ce règlement.

CHAPITRE V

Des Conseils Généraux

Art. 362

Le conseil général de chaque département est composé de membres élus dans les conditions indiquées au chapitre II, à raison d'un par canton.

Art. 363

Nul ne peut être membre de plusieurs conseils généraux.

Un conseiller général qui manquerait sans excuse légitime à deux sessions successives serait déclaré démissionnaire par le conseil.

Lorsqu'un conseiller général donne sa démission, il l'adresse au président qui en donne avis au préfet.

ART. 364

Les conseillers généraux sont nommés pour six ans ; ils sont renouvelés par moitié tous les trois ans dans les conditions fixées par la loi du 10 août 1871 ; leurs fonctions sont rétribuées.

ART. 365

En cas de vacance par décès, option, démission ou par toute autre cause, les électeurs devront être réunis dans le délai de trois mois.

ART. 366

Les conseils généraux se réunissent tous les mois ; la convocation qui leur est envoyée par le préfet, trois jours à l'avance au moins, contient l'ordre du jour des travaux de la session. Un conseil général en session est toujours maître de son ordre du jour.

ART. 367

Dans sa session de janvier, le conseil général nomme au scrutin secret, pour un an et à la majorité absolue, son président, un ou plusieurs vice-présidents et ses secrétaires.

Le conseil général fait son règlement intérieur.

Le préfet assiste aux séances et a la parole quand il la demande.

ART. 368

Les séances des conseils généraux sont publiques. Néanmoins sur la demande du président ou du préfet, ou de cinq membres, le conseil général, par assis et levé, sans débats, décide qu'il se formera en comité secret.

Art. 369

Le président a seul la police de l'assemblée ; il l'exerce conformément à l'article 29 de la loi du 10 août 1871.

Art. 370

L'article 30 de la même loi est applicable aux délibérations et aux votes des conseils généraux.

Art. 371

Les procès-verbaux des séances, rédigés par un des secrétaires, sont arrêtés au commencement de chaque séance et signés par le président et le secrétaire.

Les procès-verbaux sont communiqués sans déplacement à tout électeur.

Art. 372

Toute délibération, prise en dehors des réunions régulières du conseil général, est nulle et de nul effet.

Toute délibération, même prise régulièrement, peut être annulée par le Sénat si elle est contraire à la constitution ou aux principes fondamentaux du socialisme.

Art. 373

Le conseil général d'un département peut être dissous par décret du Président de la République. La dissolution de plusieurs conseils généraux, simultanément ou dans le délai d'un mois, ne peut être prononcée que sur avis conforme du

Sénat. Le décret de dissolution est motivé ; il porte convocation des électeurs pour le quatrième dimanche qui suit sa date. Le nouveau conseil se réunit de plein droit le deuxième lundi après l'élection.

Art. 374

Les conseils généraux concourent à l'administration des services de production et des services auxiliaires, pour ce qui concerne spécialement les travaux d'intérêt départemental et dans la limite de leurs attributions.

Un règlement d'administration publique énumérera les attributions qui résultent pour eux de la présente loi et des dispositions non abrogées des lois, règlements et décrets antérieurs. Il déterminera les cas dans lesquels les délibérations des conseils ne seront exécutoires qu'après approbation de l'autorité supérieure.

Le conseil général peut émettre des vœux sur toutes les questions d'intérêt général.

L'article 398 est applicable aux départements.

Art. 375

Les chefs de service des administrations publiques dans le département sont tenus de fournir, verbalement ou par écrit, tous les renseignements qui leur seraient réclamés par le conseil général sur les questions qui intéressent le département (1).

Art. 376

La composition du conseil général de la Seine

1. Loi du 10 avril 1871, art. 52.

demeure réglée par les lois des 16 septembre 1871, 21 mai 1873 et 19 mars 1875.

ART. 377

La composition des conseils généraux de l'Algérie demeure réglée par la loi du 23 septembre 1875.

CHAPITRE VI

Des Conseils Municipaux

ART. 378

Le corps municipal de chaque commune se compose du conseil municipal, du maire et d'un ou de plusieurs adjoints (1).

ART. 379

Le changement de nom d'une commune est décidé par décret du Président de la République sur la demande du conseil municipal, le conseil général consulté (2).

Il ne peut être procédé à l'érection d'une commune nouvelle qu'en vertu d'une loi, après avis du conseil général (3).

ART. 380

Le conseil municipal se compose de 10 membres dans les communes de 500 habitants et au-dessous.

de 12 membres dans celles de 501 à 1.500
16 — 1.501 à 2.500
21 — 2.501 à 3.500

1. Loi du 5 avril 1884, art. 1er.
2. Même loi, art. 2.
3. Même loi, art. 5.

de 23	*dans celles de*	*3.501 à 10.000*
27	—	*10.001 à 30.000*
30	—	*30.001 à 40.000*
32	—	*40.001 à 50.000*
34	—	*50.001 à 60.000*
36	—	*60.001 et au-dessus*

Dans les villes divisées en plusieurs mairies, le nombre des conseillers sera augmenté de trois par mairie (1).

ART. 381

L'élection des membres du conseil municipal a lieu dans les conditions indiquées au chapitre II du présent titre.

Le sectionnement établi dans certaines communes est supprimé.

Dans les communes divisées en plusieurs bureaux de vote conformément à l'article 339, les électeurs des différents bureaux concourent à l'élection des mêmes conseillers.

ART. 382

Les conseillers municipaux sont nommés pour quatre ans. Ils sont renouvelés intégralement, le premier dimanche de mai, dans toute la France, lors même qu'ils ont été élus dans l'intervalle (2).

ART. 383

Lorsque le conseil municipal se trouve, par l'effet des vacances survenues, réduit aux trois quarts de ses membres, il est, dans le délai de deux mois, à dater de la dernière vacance, procédé à des élections complémentaires.

1. Loi du 5 avril 1884, art. 10.
2. Même loi, art. 41.

Toutefois, dans les six mois qui précèdent le renouvellement intégral, les élections complémentaires ne sont obligatoires qu'au cas où le conseil municipal aurait perdu plus de la moitié de ses membres (1).

ART. 384

Un conseil municipal ne peut être dissous que par décret motivé du Président de la République, rendu en Conseil des ministres et publié au Journal officiel, *et, dans les colonies régies par la présente loi, par arrêté du gouverneur en conseil privé, inséré au* Journal officiel *de la colonie.*

S'il y a urgence, il peut être provisoirement suspendu par arrêté motivé du préfet, qui doit en rendre compte immédiatement au ministre de l'Intérieur. La durée de la suspension ne peut excéder un mois. Dans les colonies ci-dessus spécifiées, le conseil municipal peut être suspendu par arrêté motivé du gouverneur. La durée de la suspension ne peut excéder un mois. Le gouverneur rend compte immédiatement de sa décision au ministre des Colonies (2).

ART. 385

En cas de dissolution d'un conseil municipal ou de démission de tous ses membres en exercice, et lorsqu'aucun conseil municipal ne peut être constitué, une délégation spéciale en remplit les fonctions.

Dans les huit jours qui suivent la dissolution ou l'acceptation de la démission, cette délégation spéciale est nommée par décret du Président de la

1. Loi du 5 avril 1884, art. 42.
2. Même loi, art. 43.

République, et, dans les colonies, par arrêté du gouverneur.

Le nombre des membres qui la composent est fixé à trois dans les communes où la population ne dépasse pas 35.000 habitants. Ce nombre peut être porté à sept dans les villes d'une population supérieure.

Le décret ou l'arrêté qui l'institue en nomme le président et au besoin le vice-président.

Les pouvoirs de cette délégation spéciale sont limités aux actes de pure administration courante *et urgente* (1).

ART. 386

Toutes les fois que le conseil municipal a été dissous, ou que, par application de l'article précédent, une délégation spéciale a été nommée, il est procédé à la réélection du conseil municipal dans les deux mois, à dater de la dissolution ou de la dernière démission.

Les fonctions de la délégation spéciale expirent de plein droit dès que le conseil municipal est reconstitué (2).

ART. 387

Les conseils municipaux se réunissent le premier lundi de chaque mois. Chaque session est close quand l'ordre du jour est épuisé.

Les convocations, adressées par le maire trois jours à l'avance, portent l'ordre du jour qui est arrêté par le maire.

Aucun objet non porté à l'ordre du jour ne peut être mis en délibération s'il n'est proposé,

1. Loi du 5 avril 1884, art. 44.
2. Même loi, art. 45.

par un quart au moins des membres en exercice, soit au cours des travaux, soit dans l'intervalle des deux sessions.

Seront ajoutées de droit à l'ordre du jour les questions dont le maire serait saisi au cours de la session par l'autorité administrative.

Art. 388

Les articles 49, 50, 51, 52, 53, 54, 55, 56, 57 et 59 de la loi du 5 avril 1884, sur le fonctionnement des conseils municipaux, restent en vigueur.

Art. 389

Tout électeur a le droit de demander communication sans déplacement et de prendre copie totale ou partielle des procès-verbaux du conseil municipal et des arrêtés municipaux.

Chacun peut les publier sous sa responsabilité.

Art. 390

Tout membre du conseil municipal qui, sans motifs reconnus légitimes par le conseil, a manqué à trois sessions *successives, peut être, après avoir été admis à fournir ses explications, déclaré démissionnaire par le préfet.*

Les démissions sont adressées au sous-préfet ; elles sont définitives à partir de l'accusé de réception par le préfet, et, à défaut de cet accusé de réception, un mois après un nouvel envoi de la démission constaté par lettre recommandée (1).

1. Loi du 5 avril 1884, art. 60.

ART. 391

Les conseils municipaux concourent à l'administration des services de production et des services auxiliaires, pour ce qui concerne spécialement les travaux d'intérêt communal, et dans la limite de leurs attributions.

Un règlement d'administration publique énumérera les attributions qui résultent pour eux de la présente loi et des dispositions non abrogées des lois, règlements et décrets antérieurs. Il déterminera les cas dans lesquels leurs délibérations ne seront exécutoires qu'après approbation du préfet ou de l'autorité supérieure.

Il indiquera les colonies auxquelles la présente loi sera applicable et, quand il y aura lieu, les modifications qui y seront apportées.

Les conseils municipaux peuvent émettre des vœux sur toutes les questions d'intérêt général.

ART. 392

Expédition de toute délibération est adressée dans la huitaine par le maire au sous-préfet, qui en constate la réception sur un registre et en délivre immédiatement récépissé (1).

ART. 393

Sont nulles de plein droit :

1° Les délibérations d'un conseil municipal portant sur un objet étranger à ses attributions, ou prises hors de sa réunion légale ;

2° Les délibérations prises en violation de la loi *ou d'un règlement d'administration publique* (2).

1. Loi du 5 avril 1884, art. 62.
2. Même loi, art. 63.

La nullité est déclarée par le préfet. Elle peut être prononcée par le préfet et proposée ou opposée par les parties intéressées à toute époque (1).

ART. 394

Le conseil municipal, et en dehors de lui, toute partie intéressée, peut se pourvoir contre l'arrêté d'annulation, devant la Cour de cassation.

ART. 395

L'approbation préfectorale, dans les cas où elle est nécessaire, doit être donnée dans le mois qui suit la communication prescrite par l'article 392. Si aucun refus d'approbation n'a été notifié au maire dans ledit délai, la délibération devient exécutoire de plein droit. En cas de refus d'approbation, la délibération est déférée au conseil général qui statue en dernier ressort, sauf l'application du paragraphe 2 de l'article 372.

ART. 396

Il est interdit à tout conseil municipal, soit de publier des proclamations et adresses, soit de se mettre en communication avec un ou plusieurs conseils municipaux sans y être autorisé par le préfet.

ART. 397

Les fonctions de maires, adjoints, conseillers municipaux, sont rétribuées.

Le règlement d'administration publique prévu par l'article 391 déterminera le nombre des

1. Loi du 5 avril 1884, art. 65.

adjoints dans les communes ayant plus de 2.500 habitants, le mode d'élection et les attributions des maires et des adjoints de toutes les communes.

Il fixera les pouvoirs de police conférés aux maires.

ART. 398

Les communes ne possédant rien en propre, n'ont pas la personnalité civile et ne sont astreintes à aucune responsabilité.

ART. 399

Les lois et décrets relatifs à l'organisation municipale de Paris et de Lyon resteront en vigueur, en ce qu'ils n'ont rien de contradictoire avec les dispositions qui précèdent.

CHAPITRE VII

Liberté de la presse

ART. 400

Les services de l'imprimerie et de la librairie nationale impriment et mettent en vente pour le compte de tous auteurs et éditeurs les ouvrages de toute nature : livres, brochures, publications périodiques, journaux et imprimés quelconques qui leur sont proposés et qu'ils acceptent.

ART. 401

Quiconque, voulant user de la liberté consacrée par les articles 5 et 6, aura l'intention de fonder une imprimerie ou une librairie, devra en faire préalablement la déclaration à la mairie de sa commune. Il lui en sera délivré récépissé.

Tout imprimé sorti de ses presses portera l'indication de son nom et de son domicile.

Tout imprimé destiné à la publication sera déposé en double exemplaire, au moment de cette publication, à la mairie de sa commune, avec indication du chiffre du tirage.

ART. 402

Tout journal ou écrit périodique peut être librement publié, conformément aux dispositions des articles 6 et 7 de la loi du 29 juillet 1881.

La déclaration exigée par l'article 7 sera faite par le gérant ; il en sera donné récépissé.

Le nom du gérant sera imprimé au bas de tous les exemplaires.

ART. 403

Au moment de la publication de chaque feuille ou livraison du journal ou écrit périodique, il sera fait, outre le dépôt prescrit par l'article 401, § 3, un pareil dépôt au parquet du procureur de la République. Ce dépôt sera fait à la poste, à l'adresse de ce magistrat, et recommandé, s'il n'existe pas de tribunal dans la ville où le journal est imprimé.

ART. 404

Le gérant sera tenu d'insérer gratuitement, dans les trois jours de leur réception, ou dans son prochain numéro s'il n'en était pas publié avant l'expiration des trois jours, les rectifications ou réponses de toute personne nommée ou désignée dans le journal ou l'écrit périodique.

Toutefois ces rectifications ne dépasseront pas le double de l'article auquel elles répondent. Elles seront faites à la même place et en mêmes caractères que cet article.

Art. 405

Les journaux et écrits périodiques étrangers adressés à leurs abonnés français, les exemplaires de livres ou imprimés quelconques envoyés séparément de l'étranger en France, pour l'usage privé du destinataire, bénéficieront de l'autorisation portée à l'article 5, § 2.

Art. 406

Dans chaque commune, le maire désignera par arrêté les lieux exclusivement destinés à recevoir les affiches des lois et autres actes de l'autorité publique, ainsi que les affiches électorales.

Toutes ces affiches seront imprimées sur papier blanc.

Un arrêté du maire désignera également les emplacements réservés aux affiches particulières, qui seront toujours sur papier de couleur.

Art. 407

Les articles 18, 19 et 20 de la loi du 29 juillet 1881 relatifs au colportage demeurent en vigueur.

Art. 408

Les infractions aux dispositions du présent chapitre, les crimes et délits commis par la voie de la presse sont réprimés par la loi pénale. La procédure est déterminée par la loi de procédure.

CHAPITRE VIII

Droit de Réunion

Art. 409

La loi du 30 juin 1881 sur la liberté de réunion demeure en vigueur.

CHAPITRE IX

Dispositions Diverses

Art. 410

Sont supprimés :
Le Tribunal des Conflits,
Les Conseils de Préfecture,
Les Tribunaux de Commerce,
Les Conseils de Prud'hommes,
L'Ordre des Avocats,
Les Conseils d'Arrondissement,
Les Chambres de Commerce,
Les Chambres consultatives des Arts et Manufactures,
Les Chambres consultatives agricoles,
La Caisse des Dépôts et Consignations,
La Caisse d'Amortissement,
La Banque de France et les banques coloniales d'émission,
Le Crédit Foncier de France,
Les Caisses de Crédit agricole,

Les Monts-de-Piété,
La Caisse nationale d'Épargne,
Les Caisses d'Épargne ordinaires ou privées,
La Caisse nationale des Retraites,
Les autres Caisses de Retraites et de Prévoyance,
L'Etablissement des Invalides de la Marine,
L'Etablissement des Pupilles de la Marine,
Les Caisses d'Assurances,
Les Sociétés de Secours mutuels et de Prévoyance,
Les Bureaux de Bienfaisance,
Les Œuvres de Bienfaisance privées,
Les Sociétés coopératives de Production et de Consommation,
Les Syndicats professionnels,
Les Associations syndicales de toute nature.

Art. 411

L'Ordre de la Légion d'Honneur est supprimé.

Les décorations académiques, la décoration du mérite agricole sont supprimées.

Le port des décorations antérieures françaises est autorisé.

Le port des décorations étrangères est interdit.

Art. 412

Les titres de noblesse sont supprimés.

Toute personne en possession d'un titre de noblesse au moment de la promulgation de la présente loi est autorisée à le conserver.

L'usage de la particule est facultatif pour ceux qui y avaient droit au moment de la promulgation de la présente loi et pour leurs descendants. Il est interdit à toutes autres personnes.

Art. 413

Toute personne privée en totalité ou en partie de ses droits politiques, au moment de la promulgation de la présente loi, pourra en reprendre l'exercice si elle les a perdus plutôt par suite de circonstances malheureuses qu'à raison d'actes de malhonnêteté caractérisés ou d'actes criminels inexcusables.

Une Commission, dont la composition et les attributions seront déterminées par un règlement d'administration publique, sera constituée, dans le mois de la promulgation de la présente loi, pour statuer sur les demandes de réintégration qui pourront lui être adressées. Ses décisions ne seront sujettes à aucun recours.

Art. 414

La loi du 3 avril 1878, sur l'état de siège, reste en vigueur.

Art. 415

Les lois, décrets, règlements et arrêtés en vigueur, non maintenus expressément par la présente loi, sont abrogés en ce qu'ils ont d'inconciliable avec ses dispositions.

TITRE XI

LOI CIVILE

CHAPITRE PREMIER

De la qualité de Français. Des droits qui y sont attachés

ART. 416

Sont Français :

1° Tout individu né en France, de père et mère français, ou si le père est inconnu, de mère française, ou encore de parents inconnus, ou encore de parents sans nationalité connue ;

2° Tout individu né à l'étranger de père et mère français.

3° Tout individu né à l'étranger d'un père inconnu et d'une mère française. Dans ce dernier cas, s'il y a reconnaissance du père avant la majorité de l'enfant, et si le père est étranger, l'enfant aura un délai d'un an, à partir de sa majorité fixée d'après les lois françaises, pour choisir sa nationalité ;

4° Tout individu né à l'étranger d'une mère française et d'un père étranger ou d'un père français et d'une mère étrangère si, dans le délai imparti au paragraphe précédent, il n'a pas opté pour la nationalité étrangère.

5° Tout individu né en France d'un père français et d'une mère étrangère, ou d'une mère française et d'un père étranger, s'il a résidé en France jusqu'à l'âge de sa majorité. Dans le cas contraire, la faculté d'option lui est réservée comme il est dit ci-dessus;

6° Tout individu né en France de parents étrangers dont l'un au moins est né en France, s'il a résidé en France jusqu'à sa majorité et sous réserve de la faculté d'option ci-dessus déterminée.

La faculté d'option ci-dessus stipulée sera subordonnée à la production : 1° d'une attestation en due forme du gouvernement étranger intéressé, laquelle demeurera annexée à la déclaration qu'il a conservé la nationalité étrangère; 2° et, s'il y a lieu, un certificat constatant que l'impétrant a répondu à l'appel sous les drapeaux, conformément à la loi militaire de son pays, sauf les exceptions prévues aux traités.

7° Les étrangers naturalisés.

Art. 417

Peuvent être naturalisés :

1° Les étrangers qui ont résidé en France pendant trois ans au moins sans interruption, ou exercé pendant le même laps de temps à l'étranger une fonction conférée par le gouvernement français;

2° Les étrangers résidant en France depuis un an au moins, s'ils ont rendu des services importants à la France, ou s'ils ont été attachés à un titre quelconque au service militaire dans les colonies et les protectorats français, ou s'ils ont épousé une Française.

Il est statué par décret sur la demande de natu-

sation, une enquête sur la moralité de l'étranger (1).

Art. 418

Tout individu né en France de parents étrangers, ou d'une mère étrangère et d'un père inconnu, et qui n'y a pas résidé jusqu'à sa majorité, peut, jusqu'à l'âge de vingt-deux ans, si à ce moment il réside en France et s'il s'engage à y résider, réclamer la qualité de Français qui lui est accordée ou refusée par décret.

Art. 419

Tout individu, né en France ou à l'étranger, de parents dont l'un a perdu la qualité de Français, pourra réclamer cette qualité à tout âge s'il réside en France au moment de sa demande, à moins que, *appelé sous les drapeaux en France, il n'ait revendiqué sa qualité d'étranger* (2).

Art. 420

L'étrangère qui aura épousé un Français suivra la condition de son mari (3).

La femme d'un étranger en instance de naturalisation et ses enfants majeurs pourront obtenir la qualité de Français sans condition de stage.

Les enfants mineurs d'un étranger naturalisé deviennent Français, sauf le droit d'option réservé par l'article 416.

1. Code civil, art. 8.
2. Code civil, art. 10.
3. Code civil, art. 12.

ART. 421

Perdent la qualité de Français :

1 Le Français naturalisé à l'étranger, ou celui qui acquiert, sur sa demande, la nationalité étrangère par l'effet de la loi.

S'il est encore soumis aux obligations du service militaire pour l'armée active, la naturalisation à l'étranger ne fera perdre la qualité de Français que si elle a été autorisée par le gouvernement français ;

2° Le Français qui a décliné la nationalité française dans un des cas prévus par les dispositions qui précèdent et celles de l'article 18 du Code civil ;

3° Le Français qui, ayant accepté des fonctions publiques conférées par un gouvernement étranger, les conserve nonobstant l'injonction du gouvernement français de les résigner dans un délai déterminé ;

4° Le Français qui, sans autorisation du gouvernement, prend du service militaire à l'étranger, sans préjudice des lois pénales contre le Français qui se soustrait aux obligations de la loi militaire (1).

5° Le Français qui, dans les trois mois de la promulgation de la présente loi, n'aurait pas fait la déclaration ni effectué le dépôt prescrit par les articles 20 et 21, s'il a, dans la même période, fixé sa résidence à l'étranger et s'il est prouvé qu'il possédait des valeurs mobilières.

La perte de la qualité de Français, dans le cas qui précède, ne deviendra définitive que si, dans un nouveau délai de trois mois à compter de l'expiration du premier, l'intéressé n'est pas rentré en France et n'a pas rempli les formalités prescrites par les articles 20 et 21, en fournissant des excuses valables de son absence.

1. Code civil, art. 17.

Art. 422

Les articles 18 et 21 du Code civil et le premier paragraphe de l'article 19 restent en vigueur.

Le deuxième paragraphe de l'article 19 reste en vigueur également, sauf la nécessité de l'approbation du conseil de famille.

Art. 423

Un règlement d'administration publique fixera les formalités à remplir pour délivrer ou réclamer la qualité de Français dans les divers cas prévus au présent chapitre.

Art. 424

Les étrangers ont le droit de circuler et de résider en France en se conformant à la loi et aux règlements.

Ils peuvent disposer de ce qu'ils possèdent par donation ou testament.

Ils peuvent être admis à participer au travail et à exercer des emplois ou fonctions. Ils ont droit alors au même salaire que s'ils étaient Français. En cas de maladie ou blessure, ils ont droit en outre à l'assistance médicale et pharmaceutique gratuite, et à une indemnité égale au salaire d'un journalier de troisième classe jusqu'à leur rétablissement. En cas d'invalidité résultant d'un accident du travail, ils sont rapatriés aux frais de la nation et reçoivent une indemnité égale à une année de salaire de l'emploi qu'ils occupaient.

Tous les autres droits résultant de la loi sont réservés aux Français.

CHAPITRE II

Des Actes de l'Etat Civil

SECTION I

Dispositions générales

ART. 425

Les articles 34, 35, 36, 37, 38, 39, 40, 41, 42, 43, 44, 45, 46, 47, 48, 49 et 53 du Code civil restent en vigueur, sauf les modifications ci-après :

Le visa des registres prescrit par l'article 41 sera fait par le juge de paix.

A l'article 45, les mots « sauf l'exception prévue à l'article 57 » seront supprimés et l'addition suivante sera faite à l'article 45 :

« Les conditions dans lesquelles seront délivrées les copies des actes de naissance sont déterminées à l'article 428 ».

A la fin de l'article 53, les mots « aux amendes » seront remplacés par ceux-ci : « aux peines portées par la loi pénale ».

SECTION II

Des actes de naissance

ART. 426

Les articles 55 et 56 du Code civil restent en vigueur.

ART. 427

Les enfants pourront être reconnus par leurs père et mère ou par leur mère seulement.

Ils peuvent n'être pas reconnus.

Lorsque les enfants seront reconnus par leurs père et mère, l'acte de naissance ne mentionnera pas que ceux-ci étaient mariés ou non ; il n'y aura aucune distinction entre les enfants dits légitimes et les enfants dits naturels.

L'acte de naissance énoncera le jour, l'heure et le lieu de la naissance, le sexe de l'enfant, les prénoms qui lui seront donnés, les noms, prénoms, profession, domicile, lieu et date de naissance des père et mère (1), ou de la mère si elle reconnaît seule l'enfant, et les noms, prénoms, professions et domiciles des témoins,

ART. 428

Les copies des actes de naissance ne porteront pas les noms des parents et n'indiqueront pas si l'enfant a été reconnu ou s'il ne l'a pas été.

Seul le procureur de la République, l'intéressé, ou son représentant légal, s'il est mineur, pourront se faire délivrer des copies intégrales.

ART. 429

Nul ne pourra se reconnaître père d'un enfant né de sa mère, de sa fille, de sa petite-fille ou de sa sœur.

Si un enfant, reconnu à sa naissance par ses père et mère, est désavoué plus tard par son père et que ce désaveu soit admis par une décision ju-

1 Code civil, article 57.

diciaire, il en sera fait mention en marge de l'acte de naissance. L'enfant pourra, postérieurement à cette décision, être reconnu par tout homme se considérant comme son véritable père. Cette reconnaissance sera également mentionnée en marge de l'acte de naissance.

Art. 430

L'article 58 du Code civil et les deux premiers paragraphes de l'article 59 restent en vigueur.

L'article 59 est ainsi complété :

Cet acte sera rédigé par le commandant ou l'officier qui le remplacera. Il y sera fait mention de celle des circonstances ci-dessus prévues dans laquelle l'acte a été dressé. L'acte sera inscrit à la suite du rôle d'équipage.

Une expédition de l'acte de naissance sera déposée à la mairie du premier port français où le navire fera escale ; elle sera transcrite sur les registres de l'état civil et conservée aux archives.

Art. 431

Un enfant non reconnu, ou reconnu par sa mère seulement, pourra par la suite être reconnu, soit par ses parents, soit par l'un d'eux.

L'acte de reconnaissance sera dressé à sa date sur le registre des naissances de la commune où la reconnaissance aura lieu ; deux copies en seront envoyées par l'officier de l'état civil au procureur de la République du département où a été dressé l'acte de naissance, pour être transcrites, par ses soins en marge du dit acte et au casier civil de l'intéressé.

SECTION III

Des actes de mariage

ART. 432

Tout mariage devra être précédé du dépôt par les futurs conjoints, à la mairie de la commune où ils désirent qu'il soit célébré, de leur acte de naissance.

S'ils sont âgés de moins de vingt et un ans, ils devront produire en outre le consentement de leurs parents. Ce consentement sera donné à la mairie de la commune du domicile des parents ou de celle où sera célébré le mariage. Il en sera dressé acte sur un registre spécial.

En cas de décès d'un des parents ou s'il est dans l'impossibilité de manifester sa volonté, le consentement de l'autre suffira.

En cas de dissentiment des parents, le consentement du père suffira.

En cas de dissentiment entre parents divorcés, le consentement de celui à qui la garde de l'enfant a été confié suffira.

Au cas où l'un des futurs conjoints n'aurait été reconnu que par sa mère, le consentement de la mère suffira.

Si l'un des futurs conjoints est né de parents inconnus, ou si ses parents sont décédés ou absents, ou encore s'ils ont été déchus du droit de l'élever, le consentement sera donné par son tuteur.

ART. 433

L'officier de l'état civil de la commune où ont été

déposées les pièces ci-dessus indiquées devra aussitôt réclamer à ses collègues des communes où sont nés les futurs conjoints un extrait de leur casier civil, établi selon les prescriptions des articles 448 et suivants, et indiquant s'ils sont célibataires, mariés ou veufs. A réception de ces extraits, s'ils constatent que les intéressés sont célibataires ou veufs, le mariage est célébré à leur première réquisition.

Art. 434

Le futur époux qui sera né dans un pays étranger, où il n'existe pas de casier civil, devra faire établir par un acte de notoriété qu'il est célibataire ou veuf.

Le futur époux qui sera dans l'impossibilité de se procurer son acte de naissance pourra également y suppléer par un acte de notoriété.

L'acte de notoriété sera dressé par l'officier de l'état civil de la commune ou sera né le futur époux, ou bien de celle où il aura son domicile.

Il contiendra la déclaration faite par sept témoins de l'un ou de l'autre sexe, parents ou non parents, des prénoms, nom, profession et domicile du futur époux.

S'il s'agit de suppléer à un acte de naissance, l'acte de notoriété contiendra en outre le lieu et, autant que possible, l'époque de la naissance du futur époux et les causes qui empêchent d'en rapporter l'acte.

S'il s'agit de suppléer à un extrait du casier civil, l'acte de notoriété contiendra la certification que le futur époux est célibataire, ou, s'il a été marié, les nom et prénoms de sa femme et la date de son décès, justifiée par un acte de décès.

Les témoins signeront l'acte de notoriété avec l'officier de l'état civil, et s'il en est qui ne puissent ou ne sachent signer, il en sera fait mention.

ART. 435

L'acte de notoriété sera présenté au juge de paix du lieu où doit se célébrer le mariage, pour y être homologué par ce magistrat, s'il le considère comme régulier et probant.

ART. 436

Si le mariage n'a pas été célébré dans le mois de la réception de l'extrait du casier civil ou de l'acte de notoriété en tenant lieu, l'officier de l'état civil réclamera un nouvel extrait ou un nouvel acte de notoriété.

ART. 437

Aucune opposition, quel qu'en soit l'auteur, la forme et les motifs, ne pourra retarder la célébration d'un mariage pour lequel les formalités prescrites par les articles qui précèdent auront été accomplies.

ART. 438

L'acte d'autorisation des parents ou tuteurs contiendra les noms, prénoms, profession, domicile, date et lieu de naissance des deux futurs époux.

Il pourra être donné devant un agent diplomatique ou consulaire de la France à l'étranger.

ART. 439

Le jour désigné par les parties pour la célébration

tion du mariage, *l'officier de l'état civil, dans la maison commune, publiquement et en présence de quatre témoins, parents ou non parents, fera lecture aux parties des pièces ci-dessus mentionnées, relatives à leur état et aux formalités du mariage*, et de l'article 462 de la loi.

Il recevra de chaque partie, l'une après l'autre, la déclaration qu'elles veulent se prendre pour mari et femme ; il prononcera au nom de la loi qu'elles sont unies par le mariage, et il en dressera acte sur-le-champ (1).

ART. 440

On énoncera dans l'acte de mariage :

1° *Les prénoms, noms, professions, âges, lieux de naissance et domicile des époux ;*

2 *S'ils sont majeurs ou mineurs ;*

3° *Les prénoms, noms, professions et domiciles* des parents ou tuteurs dont le consentement est nécessaire, avec la date de ce consentement et le lieu où il a été donné ;

4° *La déclaration des contractants de se prendre pour époux et le prononcé de leur union par l'officier public ;*

5° *Les prénoms, noms, âges, professions et domiciles des témoins, et leur déclaration s'ils sont parents ou alliés des parties, de quel côté et à quel degré* (2).

SECTION IV

Des actes de décès

ART. 441

Les articles 77, 78, 79 § 1, 80 § 1, 2 et 3, 81, 82 § 1 et 84 du Code civil restent en vigueur.

1. Code civil, art. 75.
2. Code civil, art. 76.

ART. 442

En cas de décès pendant un voyage maritime, ou pendant un arrêt dans un port lorsqu'il y aura impossibilité de communiquer avec la terre, ou lorsqu'il n'existera pas dans le port, si l'on est à l'étranger, d'agent diplomatique ou consulaire français investi des fonctions d'officier de l'état civil, il en sera, dans les vingt-quatre heures dressé acte, en présence de deux témoins, par le commandant du bâtiment ou l'officier qui le remplacera.

Il y sera fait mention de celle des circonstances ci-dessus prévues dans laquelle l'acte a été dressé. L'acte sera inscrit à la suite du rôle d'équipage.

Les dépôt et transcription prescrits par l'article 430 § 4 seront effectués pour les actes de décès.

ART. 443

Si une personne de l'équipage d'un bâtiment, ou un passager, tombe à l'eau sans que son corps puisse être retrouvé, il sera signé un procès-verbal de disparition par le commandant du bâtiment, ou l'officier qui le remplacera, en présence de deux témoins qui signeront avec lui.

Ce procès-verbal, inscrit à la suite du rôle d'équipage, sera déposé et transcrit conformément à l'article 430 § 4.

ART. 444

Les articles 88, 89 et 90 du Code civil restent en vigueur. Toutefois la réquisition de constatation judiciaire des décès sera adressée au procureur de la République près le tribunal départemental, qui fera procéder à la dite constatation par un juge de paix du ressort, désigné par ordonnance du premier président du siège.

L'article 91 reste également en vigueur sauf les mots « dans les formes prévues aux articles 855 et suivants du Code de procédure civile » lesquels sont supprimés.

L'article 92 reste en vigueur sauf les mots « conformément à l'article 99 » qui sont supprimés.

SECTION V

Des actes de l'état civil concernant les militaires et marins dans certains cas spéciaux

ART. 445

Les articles 93, 94, 95 et 96 du Code civil restent en vigueur.

ART. 446

Les dispositions des articles 93 et 94 du Code civil seront applicables aux reconnaissances d'enfants. La transcription des actes sera faite conformément au paragraphe 2 de l'article 98 du Code civil.

SECTION VI

Rectification des actes de l'état civil

ART. 447

Lorsqu'il y aura lieu à rectification d'un acte de l'état civil, la demande sera portée devant le juge de paix, conformément à l'article 573. Les jugements de rectification seront transmis par le greffier du juge de paix à l'officier de l'état civil du lieu où se trouve inscrit l'acte réformé. Ils seront transcrits sur les registres et mention en sera faite en marge de l'acte réformé.

Section VII

Du casier civil

Art. 448

Il sera constitué à la mairie de chaque commune, pour tout individu qui y est né, par les soins et sous la responsabilité de l'officier de l'état civil, un casier civil sur lequel seront mentionnées toutes les circonstances de son état civil : naissance, mariage, naissances et reconnaissances d'enfants, divorce, déclaration d'absence et décès.

Chaque mention contiendra toutes les indications figurant à l'acte auquel elle se rapporte.

Art. 449

Le casier civil sera établi sur un registre coté, paraphé et tenu conformément aux articles 39, 41 modifiée par l'article 425, et 42 du Code civil. Une page y sera consacrée à chaque individu qui naîtra dans la commune à la suite de la page où figurait la précédente naissance, sans lacune. L'acte de naissance y sera tout d'abord inscrit. Les différentes mentions qui y seront portées par la suite seront inscrites suivant leur ordre chronologique. Le registre une fois rempli sera conservé aux archives de l'état civil, avec un répertoire alphabétique destiné à faciliter les recherches.

Art. 450

Tout officier de l'état civil chargé de dresser un acte de mariage, de divorce, de naissance, de reconnaissance d'enfant et de décès, en enverra aussitôt une copie à son collègue de la commune où sont nés les intéressés, pour être inscrite à leur casier civil.

Art. 451

Dans le cas où il serait impossible de mentionner dans un acte de décès la date et le lieu de naissance du décédé, la copie en sera transmise au service central du casier civil, à Paris.

Tous les mois, ou plus souvent si la nécessité en est reconnue, le service central du casier civil fera imprimer par ordre alphabétique la liste de tous les décès dont il aura été ainsi avisé, avec les circonstances propres à faire reconnaître l'identité de chaque décédé. Cette liste sera envoyée à tous les officiers de l'état civil de France, des colonies et des pays étrangers.

Chacun d'eux devra rechercher, par le moyen du répertoire du casier civil, si les décédés dont les noms lui sont signalés étaient nés dans sa commune.

Dans l'affirmative, il mentionnera l'acte de décès sur le casier du décédé.

Il avisera le bureau central du casier civil du résultat de ses recherches, dans le mois de la réception de chaque liste, en donnant une réponse séparée pour chacun des noms qui y figurera.

Art. 452

Il sera délivré à tout Français au moment de sa majorité ou de son mariage, un livret individuel contenant un extrait de son casier civil. L'extrait de l'acte de naissance ne portera pas les indications interdites par le paragraphe 1 de l'article 428. Ce livret devra être représenté toutes les fois que son titulaire figurera comme partie à un acte de l'état civil, dont l'extrait y sera aussitôt inscrit.

CHAPITRE III

Du Domicile

Art. 453

Le domicile de tout Français est au lieu de sa résidence habituelle.

Le domicile de la femme mariée est celui de son mari.

Le domicile du mineur est celui de ses parents ou de son tuteur.

CHAPITRE IV

Des Absents

Art. 454

Lorsqu'une personne aura cessé de paraître au lieu de son domicile et que, depuis un an, on n'en aura point eu de nouvelles, son époux, ses enfants majeurs ou le tuteur de ses enfants mineurs pourront faire déclarer légalement son absence.

Art. 455

A cet effet, ils adresseront une demande au juge de paix du dernier domicile connu de la personne présumée absente. Le juge de paix fera afficher cette demande à la mairie dudit domicile et la fera publier dans un journal du département. De plus il fera faire par la police toutes recherches qu'il jugera utiles ; si elles n'ont donné aucun résultat au bout de deux mois, il le constatera dans son jugement et prononcera l'absence légale du disparu. Un extrait de ce jugement sera également affiché et publié comme il vient d'être dit. Un mois après les dites publications, s'il n'est point survenu d'opposition, le jugement deviendra définitif.

L'opposition pourra être faite par toute personne, même non parente ni alliée du disparu ; elle sera reçue au greffe de la justice de paix et devra à peine de nullité contenir des renseignements sur l'absent postérieurs à sa disparition. En cas d'opposition, le dossier sera immédiatement transmis au procureur de la République près le tribunal départemental.

Faute de contenir les renseignements requis, l'opposition sera déclarée nulle par un jugement du tribunal départemental qui confirmera celui du juge de paix, lequel sortira son plein et entier effet.

Si elle contient des renseignements, le tribunal les fera vérifier et compléter, s'il y a lieu, par la police et rendra dans le mois de l'opposition un jugement qui ne sera sujet à aucun recours.

Extrait du jugement déclarant l'absence sera transmis à la mairie de la commune où est né l'absent, ou si elle est inconnue, au bureau central du casier civil qui fera toutes diligences pour le faire parvenir. Mention en sera faite au casier civil de l'absent.

Art. 456

La succession d'une personne déclarée légalement absente est ouverte comme si elle était décédée.

Si elle était mariée, le mariage est annulé de plein droit et l'époux, redevenu libre, peut immédiatement contracter un nouveau mariage.

Les droits d'un absent à la succession de ses parents sont exercés par ses enfants ; s'il n'a pas d'enfants, ils sont annulés.

Toute libéralité testamentaire en faveur d'un absent bénéficie à ses enfants ; s'il n'a pas d'enfants, elle est annulée.

Art. 457

La réapparition d'un absent ne l'autorisera à aucune revendication sur l'avoir qu'il avait pu laisser, si cet avoir avait été attribué à ses héritiers. Si faute d'héritiers il avait été attribué à l'Etat, et que l'absent reparu justifie d'empêchements sérieux à son retour avant la déclaration d'absence, il recevra une indemnité sur les fonds de la solidarité sociale.

Son mariage restera annulé.

CHAPITRE V

Du Mariage

ART. 458

Les articles 144, 145, 146 et 147 du Code civil restent en vigueur.

ART. 459

En ligne directe, le mariage est prohibé entre tous les ascendants et descendants (1).

En ligne collatérale le mariage est prohibé entre le frère et sœur (2).

ART. 460

Le mariage contracté en pays étranger entre Français et entre Français et étrangers sera valable s'il a été célébré dans les formes utilisées dans le pays (3) et si les deux époux étaient libres d'engagement conjugal.

Les deux derniers paragraphes de l'article 170 et l'article 171 du Code civil restent en vigueur.

ART. 461

Le mariage ne peut être annulé que dans le cas où l'un des époux était déjà marié au moment de sa célébration. L'annulation sera prononcée par le juge de paix, sur les réquisitions du procureur de la République, les parties appelées, un mois au

1. Code civil, art. 161.
2. Code civil, art. 162.
3. Code civil, art. 170.

moins après que l'existence du précédent mariage aura été portée à la connaissance de toutes les parties intéressées.

Il sera sursis à l'annulation du second mariage si l'un des époux du premier fait dans ce délai une déclaration de divorce. L'annulation ne sera pas prononcée si le divorce devient définitif.

Art. 462

Les parents n'ont envers leurs enfants, les enfants n'ont envers leurs parents, les époux n'ont entre eux aucune obligation civile.

Les liens d'affection qui unissent les uns aux autres les membres d'une même famille, les devoirs d'assistance, de fidélité, de protection, d'obéissance qui en découlent, relevant de la conscience individuelle, ne sont fondés que sur le consentement libre et persistant de toutes les parties et échappent aux sanctions légales.

Art. 463

Le mariage se dissout :

1° Par la mort ou l'absence légale de l'un des époux ;

2° Par le divorce légalement prononcé.

CHAPITRE VI

Du Divorce

Art. 464

La volonté persistante d'un des époux suffit pour entraîner le divorce.

ART. 465

La demande de divorce est faite au greffe de la justice de paix du domicile des époux ; s'il y a séparation de fait et changement de résidence des époux ou de l'un d'eux, elle est faite au greffe de la justice de paix du dernier domicile commun.

Si la demande d'un des époux est suivie de la demande de l'autre, les deux instances sont jointes et les délais courent du jour de la première demande.

ART. 466

Le juge de paix convoque d'abord l'époux demandeur, l'interroge et s'efforce de le détourner de son intention, si elle ne lui paraît pas suffisamment justifiée ; s'il y réussit la demande est annulée.

Si le demandeur persiste dans son intention, le juge convoque les deux époux et s'efforce de les concilier. S'il y parvient la demande est annulee. S'il n'y parvient pas, il dresse procès-verbal. En cas de séparation de fait entre les époux, s'il existe des enfants et que les époux ne s'entendent pas sur celui des deux qui doit en avoir la garde, le juge de paix ordonne qu'ils seront remis à l'assistance sociale.

ART. 467

Six mois plus tard au moins, et un an au plus, le demandeur fait au greffe de la justice de paix une nouvelle déclaration persistant dans la première. Le juge de paix renouvelle les tentatives indiquées à l'article 466.

Si un intervalle de plus d'un an s'est écoulé entre les deux déclarations, la première est annulée et la seconde considérée comme la première.

Art. 468

Une troisième déclaration est faite dans les mêmes délais. Le juge de paix transmet alors le dossier au procureur de la République près le tribunal départemental qui convoque les époux devant le tribunal, en Chambre du Conseil.

Le président s'efforce de réconcilier les époux. S'il n'y réussit pas, le tribunal prononce le divorce. S'il existe des enfants, il désigne celui des époux à qui la garde en sera laissée ; il peut aussi laisser les uns au père et les autres à la mère, ou enfin ne les laisser ni à l'un ni à l'autre.

Si la demande est abandonnée, les trois déclarations sont annulées.

Le jugement qui prononce le divorce ne mentionne aucun des faits qui ont pu le motiver ; il ne désigne même pas l'époux dont les torts lui paraissent les plus graves ; le choix qu'il peut faire d'un des époux pour garder les enfants n'est inspiré que par l'intérêt de ces derniers.

Extrait du jugement de divorce est envoyé par le greffier du tribunal à la mairie de la commune où est né chacun des époux pour être inscrit à son casier civil.

Art. 469

Les époux divorcés pourront se remarier soit avec des femmes étrangères, soit entre eux. Dans ce dernier cas, ils ne pourront divorcer une seconde fois.

Par l'effet du divorce, chacun des époux reprend l'usage de son nom.

ART. 470.

La séparation de corps est supprimée. Les époux séparés de corps au moment de la promulgation de la présente loi seront de plein droit divorcés.

CHAPITRE VII

De la Filiation, de l'Adoption

ART. 471

L'article 312 du Code civil reste en vigueur.

ART. 472

Nul enfant non reconnu par ses parents ou par l'un d'eux ne sera admis à faire la preuve de sa filiation.

ART. 473

L'adoption, acte purement moral, n'est entourée d'aucune forme légale et ne produit aucun effet civil.

L'adoption d'un mineur est subordonnée au consentement de ses parents ou de son tuteur.

CHAPITRE VIII

Droits des Parents et des Enfants

ART. 474

L'enfant, à tout âge, doit respect à ses père et

mère. Il leur doit moralement obéissance jusqu'à sa majorité. Les parents ne disposent d'aucun moyen de contrainte légale pour assurer ce respect et cette obéissance.

Art. 475

Les père et mère, s'ils sont d'accord entre eux, peuvent toujours remettre un ou plusieurs de leurs enfants aux soins de la nation. Ils peuvent également les reprendre par la suite ; mais si l'enfant est alors âgé de douze ans au moins, il peut se refuser à revenir chez eux.

Si un enfant repris par ses parents est de nouveau remis à la nation, il ne peut plus être repris.

Art. 476

L'enfant âgé de plus de douze ans peut quitter ses parents s'il croit avoir à se plaindre d'eux. Il en fait la déclaration au juge de paix du domicile des parents qui s'efforce de le faire revenir sur sa détermination. S'il y persiste, le juge de paix l'ajourne à un mois. Si à ce moment il maintient sa résolution, le juge de paix convoque les parents, provoque entre eux et l'enfant une explication contradictoire, adresse des représentations à celle des parties qui lui paraît avoir des torts, et s'il n'y a pas eu de faits graves, si les parents réclament leur enfant et si ce dernier est âgé de moins de quinze ans, le juge peut ordonner qu'il restera avec ses parents. Si les sujets de plainte de l'enfant sont sérieux et légitimes, le juge de paix ordonne qu'il sera remis à la nation.

Quand l'enfant est âgé de plus de quinze ans, le juge de paix ne peut l'obliger à rester avec ses parents contre sa volonté. Il se borne à en prendre acte.

Au cas où l'enfant aurait été l'objet de sévices graves, le juge de paix en informera le Procureur de la République.

ART. 477

Les droits accordés aux père et mère par l'article 475 appartiennent également à la mère d'un enfant non reconnu ou dont le père est décédé, ainsi qu'au parent ou ami qui a pu accepter la tutelle d'un enfant orphelin ou abandonné.

Le droit accordé à l'enfant par l'article 476 peut être invoqué par lui contre sa mère ou son tuteur volontaire.

CHAPITRE IX

De la minorité ; de la tutelle

ART. 478

Le mineur est l'individu de l'un ou de l'autre sexe qui n'a point encore l'âge de vingt et un ans accomplis (1).

ART. 479

En cas de décès d'un des parents, le survivant conserve la garde des enfants mineurs sans prendre le titre de tuteur.

ART. 480

Seront pourvus d'un tuteur, les mineurs dont les père et mère sont décédés ou absents, les mineurs

1. Code civil, art. 388.

non reconnus, ou abandonnés, ou enlevés à leurs parents pour cause d'indignité ou d'interdiction et ceux qui auront quitté leurs parents dans les conditions de l'article 476, en un mot tous les mineurs qu'un événement quelconque aura laissés sans protection et sans guide.

Art. 481

Les père et mère d'un enfant mineur pourront, par testament, désigner son tuteur, sous réserve de l'acceptation de ce dernier. S'il n'y a pas de testament, la tutelle pourra être exercée par un parent ou ami qui, dans ce cas devra être agréé par le juge de paix.

Si plusieurs personnes s'offrent à la fois à exercer une tutelle, le juge de paix désignera le tuteur.

Art. 482

La tutelle dont aucun parent ou ami n'aurait offert de se charger sera dévolue de plein droit à un fonctionnaire du service de l'assistance sociale qui, dans sa circonscription, aura pour mission spéciale de remplir tous les devoirs des parents auprès des mineurs placés sous sa surveillance.

Art. 483

Dès qu'il sera nommé, le tuteur fera procéder à un inventaire des objets mobiliers et valeurs pouvant appartenir à son pupille.

Cet inventaire sera dressé par le maire de la commune ou son délégué, transcrit sur un registre spécial, à la mairie, et signé par le maire et le tuteur.

Le tuteur y fera inscrire à part les effets à l'usage personnel de son pupille.

Art. 484

Aussitôt après, le tuteur fera transporter au magasin communal, où ils seront repris pour leur valeur réelle, les objets mobiliers appartenant à son pupille et non réservés à son usage. Il en sera fait une estimation dont le montant sera porté au crédit du mineur. S'il existe une certaine somme en monnaie, le tuteur la déposera au Trésor.

Le tuteur agira de même dans le cas où des libéralités seraient faites à son pupille, soit par donation, soit par testament au cours de sa minorité.

Le mineur touchera à sa majorité les sommes qui auront été portées à son crédit et n'aura aucun compte à demander à son tuteur.

Art. 485

Dans les cas où le juge de paix l'estimera nécessaire, et notamment si l'avoir du mineur a une grande importance, il pourra faire contrôler toutes les opérations d'inventaire, de réalisation et de dépôt par un subrogé-tuteur dont la mission prendra fin aussitôt après.

Ce subrogé-tuteur sera nommé d'office par le juge de paix et choisi par lui. Il assistera à l'inventaire, à la vente et au dépôt et en signera les procès-verbaux.

Les fonctions de tuteur et de subrogé-tuteur sont gratuites.

CHAPITRE X

De la majorité ; de l'interdiction

ART. 486

La majorité est fixée à vingt et un ans accomplis ; à cet âge on est capable de tous les actes de la vie civile (1).

ART. 487

Tout individu privé de raison, continuellement ou par intervalles, sera interdit.

ART. 488

L'interdiction peut être demandée soit par l'époux, soit par un parent, soit par le maire de la commune, soit par le Procureur de la République.

ART. 489

La demande d'interdiction sera formée au greffe de la justice de paix du domicile de l'intéressé.

Le juge de paix procédera à une enquête sommaire et à un interrogatoire ; il se fera faire un rapport par deux médecins et dressera un procès verbal détaillé de toutes les circonstances de nature à former son opinion.

Si la sécurité publique l'exige, il pourra ordonner le dépôt provisoire, dans un hospice, de l'individu considéré comme dément et dangereux.

1. Code civil, art. 488.

Art. 490

Le dossier sera immédiatement transmis au procureur de la République qui en saisira le tribunal départemental.

A la diligence du procureur de la République, un avis sera publié dans un journal du département pour inviter les personnes susceptibles d'éclairer le tribunal à lui faire part de leurs renseignements ou des faits dont elles ont pu être témoins. Toutes les personnes qui en feront la demande, et toutes celles que le demandeur et le défendeur en interdiction et le procureur de la République croiront devoir faire entendre, seront entendues par le tribunal.

Le présumé dément sera interrogé — le tout en audience publique.

Trois nouveaux médecins seront commis pour procéder à un deuxième examen.

S'il y a lieu, le tribunal prononcera l'interdiction et ordonnera l'internement dans un asile d'aliénés.

Art. 491

Pendant les trois mois qui suivront l'interdiction, le directeur départemental de l'assistance sociale rendra visite au moins une fois par mois à l'interné et s'efforcera de lui faire comprendre qu'il a le droit de faire opposition de la décision du tribunal. Il dressera un procès-verbal de chaque visite et l'adressera au procureur de la République. Si aucune opposition n'est formée dans les trois mois le jugement deviendra définitif.

Art. 492

En cas d'opposition, elle sera portée devant un

nouveau tribunal désigné par le premier président de la Cour de cassation.

Le tribunal ainsi désigné commettra trois nouveaux médecins, et s'il le juge à propos, sur leur rapport, ouvrira une nouvelle enquête et procédera à un nouvel interrogatoire conformément à l'article 490.

ART. 493

Extrait du jugement définitif prononçant l'interdiction sera transmis à la mairie de la commune où est né l'interdit, ou, si elle est inconnue, au bureau central du casier civil qui fera toutes diligences pour le faire parvenir. Mention en sera faite au casier civil de l'interdit.

ART. 494

L'article 456 relatif aux absents s'appliquera également aux interdits. L'article 457 s'appliquera aux interdits qui recouvreraient la raison.

CHAPITRE XI

De la propriété

SECTION I

De la propriété en général

ART. 495

La propriété est le droit, qui appartient à tout citoyen, de jouir et de disposer à son gré du fruit de son travail (1) et de ce qui a pu lui être attribué par donation, héritage, ou toute autre voie légale.

ART. 496

Sauf l'exception temporaire portée à l'article 8, le droit de propriété ne s'applique qu'aux objets mobiliers énumérés à l'article 3.

ART. 497

Nul ne peut être contraint de céder sa propriété, si ce n'est pour cause d'utilité publique et moyennant une juste indemnité (2).

SECTION II

De la propriété agricole provisoirement conservée

ART. 498

Les petits propriétaires qui auront usé du droit résultant de l'article 8, de conserver leur domaine agricole, devront continuer à le cultiver eux-mêmes jusqu'au moment où, soit par décès, soit par abandon volontaire, ils le transmettront à leurs enfants ou à l'un d'entre eux. Tout domaine affermé en violation de cette disposition sera repris par la nation, sans indemnité.

En cas de décès de l'enfant à qui le domaine aurait été transmis, son père, s'il est encore vivant, pourra le transmettre à un autre de ses enfants. S'il n'use pas de ce droit le domaine fera retour à la nation.

1. Constitution de 1793, art. 16.
2. Code civil, art. 545.

Si le domaine a été transmis à plusieurs enfants, en cas de décès d'un ou plusieurs d'entre eux, leur part sera attribuée aux survivants.

ART. 499

Les petits propriétaires non expropriés et ceux de leurs enfants à qui ils auront transmis leur domaine agricole, n'exerceront le droit au travail résultant de l'article 119 que sur leur propriété privée. Leur participation au travail social, s'ils la demandent, sera subordonnée aux besoins de la production.

ART. 500

Ils pourront écouler librement leurs produits en France ou à l'étranger, sauf la restriction temporaire édictée par l'article 6, et les restrictions permanentes qui seront apportées, dans l'intérêt de l'hygiène publique, au commerce des produits alimentaires.

Ils auront également le droit de vendre leurs produits à la nation, aux mêmes conditions que les cultivateurs sociaux. Cependant ce droit pourra être suspendu pour une ou plusieurs années si, malgré l'avis du directeur agricole de leur commune, ils persistent à se livrer à un genre de culture dont les produits sont inutiles à la consommation et d'une exportation difficile.

ART. 501

Tout domaine privé, ou fraction d'un domaine privé, laissé sans culture pendant trois ans, sera repris par la nation sans indemnité.

ART. 502

Ne pourront faire partie des domaines conservés en vertu de l'article 8 :

1° La propriété du sous-sol ;

2° Celle des minières et carrières ;

3° Les bois, lacs, étangs, cours d'eau, canaux d'arrosage.

ART. 503

Si, au moment de la promulgation de la présente loi, le sol ou le sous-sol faisait l'objet d'une exploitation au profit du propriétaire de la surface, ce dernier recevra une indemnité.

Il sera également indemnisé de la perte du revenu qu'il pouvait retirer des bois, lacs, étangs, cours d'eau, canaux d'arrosage qui étaient sa propriété.

Il conservera le droit à l'eau nécessaire à l'irrigation de son domaine.

L'indemnité sera basée sur les articles 11 et 12 ; elle ne sera due que si elle est réclamée au moment de la demande en exonération d'expropriation à introduire en conformité de l'article 46, et si la réclamation est accompagnée des déclarations et dépôt de pièces justificatives prescrits par l'article 21.

ART. 504

L'ouverture d'une minière ou carrière postérieure à la promulgation de la présente loi donnera lieu à une indemnité, mais seulement pour la diminution du revenu de la surface qu'elle aura occasionnée.

L'exploitation d'une mine postérieurement à la promulgation de la présente loi ne donnera lieu à aucune indemnité en faveur du propriétaire de la surface, à moins qu'elle ne nuise à sa culture.

ART. 505

Les propriétaires individuels seront indemnisés par la nation des ravages que pourraient causer les inondations à leurs propriétés ; l'indemnité sera représentée par un revenu égal à la diminution de revenu qu'ils auront pu subir.

Ils n'auront aucun droit aux îles, îlots et atterrissements qui pourraient se former dans les cours d'eau et le long de leurs berges, ni aux lits que les cours d'eaux pourraient laisser à sec en se déplaçant.

Toutefois, si le déplacement d'un lit ou la formation d'un nouveau bras fait une île d'une portion de terrain dépendant d'une propriété individuelle, la portion ainsi détachée conserve son propriétaire.

ART. 506

Les propriétaires individuels riverains d'un cours d'eau devront souffrir les travaux de défense, d'endiguement et d'adduction qui seront reconnus nécessaires le long de leurs berges ; s'ils subissent de ce fait un amoindrissement momentané ou définitif de leur revenu, ils en seront indemnisés conformément à l'article 505 § 1er.

ART. 507

Les petites propriétés grevées d'un usufruit ne pourront être admises à l'exonération d'expropriation accordée par l'article 8.

L'indemnité fixée par les articles 11 et 12 sera attribuée à l'usufruitier pendant la durée de son usufruit et ensuite au propriétaire dans les conditions de l'article 11.

Art. 508

Les hypothèques dont pourraient être grevées les propriétés exonérées d'expropriation seront annulées par le fait seul de la promulgation de la présente loi.

Les créanciers hypothécaires, s'ils ont fait la déclaration prescrite par l'article 20, recevront l'indemnité fixée par les articles 11 et 12.

Les propriétaires débiteurs verseront pendant dix ans à la nation l'intérêt à trois pour cent du du montant des hypothèques annulées. Après ces versements leur dette sera éteinte.

Faute par eux de faire lesdits versements pendant trois années consécutives, la propriété sera reprise par la nation sans indemnité.

Les dispositions qui précèdent seront applicables aux propriétés grevées d'une rente viagère.

Art. 509

Si l'hypothèque ou la rente viagère ne sont pas antérieures de plus d'un an à la promulgation de la présente loi, ou si le service des intérêts stipulés, ou de la rente, égale au moins les deux tiers du revenu de la propriété, l'exonération d'expropriation ne sera pas accordée.

Art. 510

Tous droits d'usage et d'habitation sont annulés à partir de la promulgation de la présente loi ; les bénéficiaires de ces droits seront indemnisés s'ils font la déclaration prescrite par l'article 20.

ART. 511

Les propriétaires non expropriés devront entretenir leurs bâtiments d'habitation et d'exploitation en bon état de réparations, à leurs frais.

Ils ne seront autorisés à les démolir, en tout ou en partie, qu'après avoir consigné préalablement dans la caisse du Trésor une somme jugée par le service des Bâtiments suffisante pour reconstruire des bâtiments d'une importance au moins égale.

ART. 512

Les propriétaires individuels seront indemnisés par la nation, soit en nature, soit en monnaie, des pertes accidentelles qu'ils pourront subir dans leur fonds et ses produits pour quelque cause que ce soit, si cette cause était indépendante de leur volonté.

Aucune indemnité ne leur sera accordée pour perte totale ou partielle de leurs récoltes non ramassées, par suite de gelée, grêle, sécheresse, inondation, maladies cryptogamiques et autres causes naturelles rentrant dans les risques normaux de l'agriculture.

ART. 513

Les propriétaires individuels qui laisseraient dépérir leur fonds faute de soins pour quelque cause que ce soit seront expropriés sans indemnité après deux avertissements, à un an d'intervalle, du directeur agricole de la commune, restés sans effet.

ART. 514

A la mort d'un propriétaire individuel, s'il ne

laisse pas d'enfants, ou à la mort de celui ou ceux de ses enfants à qui il aura transmis son domaine, celui-ci fera retour à la nation. Les héritiers du décédé n'auront droit à aucune indemnité ; mais ils pourront retirer les objets mobiliers, récoltes, bêtes de somme et animaux de basse-cour, non compris les ustensiles aratoires, les engrais et le matériel qui resteront avec le fonds.

Art. 515

Tout propriétaire ayant bénéficié personnellement des dispositions de l'article 8 et qui, avant d'avoir atteint l'âge légal de la retraite, déclarerait abandonner son domaine à la nation, recevra l'indemnité stipulée par les articles 11 et 12, et s'il y a lieu celle stipulée par l'article 13.

La rente viagère constituée à son profit en vertu des articles 11 et 12 sera réversible sur la tête de ses enfants.

Tout propriétaire individuel à qui un domaine aurait été transmis par son père aura le même droit ; mais la rente viagère qui lui sera attribuée s'éteindra par sa mort.

Art. 516

Les articles 20 et suivants seront applicables à ces abandons anticipés.

Si, au moment où ils se produisent, le jury d'expropriation a cessé de fonctionner, la fixation de l'indemnité sera faite par une commission composée du directeur agricole communal, d'un délégué du conseil municipal et d'un membre nommé par le préfet. La présence de deux membres sera suffisante pour la régularité des opérations de cette commission, dont la décision sera notifiée à l'intéressé par lettre recommandée.

En cas de réclamation de l'intéressé, formulée au greffe de la justice de paix dans la quinzaine de cette notification, le litige sera porté devant une commission composée du directeur agricole départemental, d'un délégué du conseil général et du président du tribunal départemental. La décision de cette commission ne sera sujette à aucun recours.

ART. 517

Les dispositions du titre IV du livre II du Code civil, sur les *Servitudes*, restent applicables aux propriétés non expropriées, soit dans leurs rapports entre elles, soit dans leurs rapports avec le domaine national.

Toutes les difficultés auxquelles leur application pourra donner lieu seront réglées par le juge de paix.

SECTION III

Expropriation pour cause d'utilité publique

ART. 518

Les propriétés conservées à leurs possesseurs individuels, par application de l'article 8, resteront soumises à l'expropriation pour cause d'utilité publique.

ART. 519

L'expropriation pour cause d'utilité publique ne pourra avoir lieu que contre indemnité.

L'indemnité sera constituée par une rente

annuelle dont le service sera fait au propriétaire du fonds exproprié, jusqu'à ce que ce fonds soit rentré dans le domaine national.

Elle sera basée sur la diminution de revenu éprouvée par le propriétaire, du fait des travaux exécutés sur son fonds, et les dépenses supplémentaires d'exploitation pouvant en résulter pour lui.

Elle pourra être représentée, en tout ou en partie, par des travaux destinés à faire disparaître ou atténuer les causes de préjudice, ou par l'attribution d'un héritage en remplacement de ceux qui seront coupés.

Art. 520

L'utilité publique résulte, sans avoir besoin d'une déclaration expresse, pour tous travaux d'utilité communale, départementale ou générale, de leur adoption par les conseils municipaux, les conseils généraux et la Chambre, conformément aux articles 203, 204, 205, 206 et 207.

Art. 521

L'occupation des terrains pourra avoir lieu aussitôt après l'adoption définitive des travaux.

L'indemnité sera fixée conformément à l'article 516.

Section IV

Propriété industrielle, littéraire et artistique

Art. 522

L'auteur d'une invention ou d'une découverte, d'une statue, d'un tableau ou de tout autre objet d'art non industriel, d'une œuvre littéraire, dramatique ou musicale, ne pourra en disposer que sur le refus de la nation de les acquérir, ou en cas de désaccord au sujet des conditions de l'acquisition.

Dans ce dernier cas, si un grand intérêt national est attaché à la conservation de l'invention, de la découverte ou de l'œuvre, elle ne pourra être cédée ni à une nation étrangère ni à un particulier. La nation en deviendra acquéreur à des conditions qui seront fixées par une commission constituée conformément à l'article 617.

Art. 523

Les remises et redevances annuelles stipulées dans les traités de cession passés avec la nation, au sujet d'une invention, d'une découverte, d'une œuvre littéraire, dramatique ou musicale, seront viagères et non réversibles.

Dans ces traités seront compris tous droits d'exploitation à l'étranger.

Art. 524

Si, sur le refus de la nation ou en cas de désaccord avec elle, l'auteur d'un des travaux énumérés à l'article 522 en fait la cession soit à une nation étrangère, soit à un particulier étranger, la nation aura toujours le droit d'utiliser l'invention ou la découverte, de faire reproduire les objets d'art, d'imprimer, vendre et faire représenter les œuvres littéraires, dramatiques et musicales, le tout sans indemnité, mais sans pouvoir en faire l'objet d'exportations, et sans que l'auteur soit tenu de l'y aider d'une façon quelconque.

Le droit réservé à la nation par le présent article ne pourra être exercé que par elle.

Art. 525

En cas de cession d'une des œuvres ci-dessus énumérées à un particulier français, les conditions seront réglées de gré à gré entre le vendeur et l'acheteur ; l'exécution n'en sera garantie par aucune sanction légale.

Art. 526

Au moment de la promulgation de la présente loi, les droits aux brevets en cours d'exploitation, aux œuvres littéraires en cours de publication, aux œuvres dramatiques et musicales en cours de représentation, seront transférés de plein droit à la nation.

Les ayants-droit qui feront les déclarations et dépôts prescrits aux articles 20 et 21 recevront une rente égale à la moyenne du revenu qu'ils auront retiré de leurs œuvres pendant les cinq années précédentes: Ils seront dispensés de la déclaration prescrite par l'article 13.

La rente leur sera servie pendant le nombre d'années où leurs droits d'inventeurs et d'auteurs auraient continué à être valables sous le régime de l'ancienne loi.

CHAPITRE XII

Des successions

ART. 527

Par le fait du décès, la dette que le décédé pouvait avoir contractée envers la nation pour avances, loyer, etc., est éteinte.

Les dettes particulières, s'il en existait, ne sont acquittées par ses héritiers que de leur propre volonté. Les créanciers n'ont aucune action sur les valeurs dépendant de la succession. Les dettes résultant du dernier paragraphe de l'article 549 sont acquittées par la nation.

ART. 528

Si le décédé était marié et sans enfants, tout l'actif qu'il peut laisser revient à l'époux survivant.

S'il était marié et avait des enfants, la moitié de l'actif sera retirée par l'époux survivant comme représentant sa part dans la communauté, le surplus sera partagé entre les enfants par portions égales, sans distinction de sexe ni de primogéniture, et encore qu'ils soient issus de différents mariages ou nés en dehors du mariage.

L'actif successoral comprend les droits et créances du décédé. Mais ses héritiers ne peuvent les exercer ou en poursuivre le recouvrement que s'ils résultent d'engagements reconnus par la loi.

ART. 529

Si l'un des enfants est décédé avant son père

ou sa mère, et s'il ne laisse pas d'enfants, sa part est acquise à ses frères et sœurs vivants.

S'il laisse des enfants, ces derniers se partagent la part qui serait revenue à leur père ou mère.

Les enfants nés après la mort de leur père n'héritent pas de lui.

Art. 530

Tout enfant n'ayant jamais eu ou ayant perdu la qualité de Français n'hérite pas de ses père et mère français.

Tout enfant qui serait condamné pour avoir donné ou tenté de donner la mort au défunt est exclu de sa succession comme indigne. Cette exclusion ne s'étend pas à ses enfants.

Art. 531

Aussitôt après le décès, le maire ou son délégué se transporte au domicile du défunt et, en présence des héritiers, ou eux convoqués, il procède à un inventaire des objets mobiliers et valeurs dépendant de la succession. Cet inventaire, transcrit sur un registre déposé à la mairie, est signé par le maire et les héritiers présents.

Le maire se fait délivrer un extrait du casier civil du défunt et s'efforce, par tous les moyens d'investigation dont il dispose, et notamment en interrogeant les héritiers présents, dont les réponses sont consignées à la suite de l'inventaire, de connaître les noms et adresse de tous les héritiers. Il dépose au greffe de la justice de paix une copie de l'inventaire et la liste des héritiers.

Art. 532

Dans les quarante-huit heures le greffier de la

justice de paix fait connaître le décès par lettre recommandée à tous les héritiers, et envoie à chacun d'eux la description sommaire des valeurs et objets mobiliers inventoriés, en l'invitant à faire savoir dans la huitaine, par lettre recommandée également, s'il accepte la succession ou y renonce.

Faute de réponse dans ce délai, comme dans le cas où la lettre recommandée n'est pas parvenue à son adresse, le destinataire est considéré comme ayant renoncé à la succession.

Les héritiers dont le nom ou l'adresse actuelle est inconnu du maire au moment de l'ouverture de la succession, et qui n'ont pu être retrouvés, perdent leurs droits dans la succession.

Les héritiers peuvent éviter l'application de cette disposition en envoyant leur adresse à la mairie du domicile de leurs parents, avec indication précise des nom, prénoms, profession et domicile de ces derniers. Ils seront inscrits sur un registre spécial qui sera consulté à chaque décès.

Art. 533

A l'expiration du délai fixé par l'article précédent, le greffier de la justice de paix, par lettre recommandée, fait savoir aux héritiers acceptants le nombre de parts qui doit être fait de la succession, et les convoque au domicile mortuaire dans un délai franc de huit jours au moins et de quinze jours au plus pour procéder au partage.

Art. 534

Le jour fixé, il est procédé au partage en présence du juge de paix.

Si les titres de certains héritiers sont contestés, le juge de paix tranche immédiatement le litige ; ou si une enquête lui paraît nécessaire, il ajourne, à une date qui ne sera pas éloignée de plus de quinze jours, la suite des opérations de partage.

Si certains héritiers acceptants et contestés sont absents, ils sont convoqués de nouveau par le greffier de la justice de paix par lettre recommandée pour fournir leurs explications. En cas d'absence nouvelle, la contestation est admise et ils sont forclos.

Le partage a lieu à l'amiable entre les héritiers présents, qui réservent la part des absents. Ces derniers n'ont aucune réclamation à élever par la suite si la part qui leur a été attribuée ne leur paraît pas équitable.

Si les cohéritiers ne peuvent s'entendre pour le partage en nature, le juge de paix ordonne le transport de tous les objets mobiliers au magasin communal où ils sont repris pour leur valeur actuelle, fixée par le directeur du magasin. Le montant de l'estimation est partagé entre les cohéritiers qui signent le procès-verbal dressé par le juge de paix de ses opérations.

Le conjoint survivant retire avant partage les vêtements, linge, bijoux à son usage personnel ; il a le droit de conserver la totalité des objets mobiliers, en payant le prix fixé par le directeur du magasin communal. S'il en manifeste l'intention, l'estimation en est faite au domicile mortuaire.

Si certains héritiers refusent leur part, elle est aussitôt acquise au Trésor.

Art. 535

Quand le décédé n'a ni conjoint survivant ni

enfants, ni petits-enfants ou quand ses héritiers renoncent à sa succession, elle est dévolue à la nation.

Art. 536

En aucun cas un héritier qui aurait été l'objet de libéralités de la part du défunt avant son décès ne sera tenu à rapport.

CHAPITRE XIII

Des Testaments et des Donations

Art. 537

Toute personne majeure peut disposer librement par testament, pour le temps où elle n'existera plus, de tout ou partie de ses biens. La femme mariée peut tester sans être autorisée par son mari.

Le testament est révocable ; s'il en existe plusieurs, le dernier en date est seul valable.

On ne peut disposer de ses biens qu'en pleine propriété ; toute institution d'usufruit est nulle.

Art. 538

Toute personne non interdite sera réputée saine d'esprit et son testament ne pourra être attaqué par aucun moyen.

On peut valablement tester pour des enfants non encore nés, même non conçus au moment du testament ; mais les dispositions de cet acte ne s'appliquent qu'à ceux qui sont nés au moment du décès du testateur.

Tout testament en faveur d'un ministre du culte

est nul s'il n'émane pas d'un parent ou allié au quatrième degré au moins.

Sera annulé également, s'il n'émane pas d'un parent ou allié au quatrième degré au moins, tout testament fait au profit d'un médecin ou pharmacien qui aura traité le testateur pendant la maladie dont il est mort.

On ne peut disposer qu'en faveur de personnes ayant la nationalité française.

ART. 539

Tout testament sera écrit par son auteur et déposé par lui à la mairie de son domicile soit à découvert, soit sous enveloppe cachetée. Il sera dressé acte de ce dépôt sur un registre spécial.

Il pourra aussi être dicté par le testateur au maire de son domicile, en présence de deux témoins, et écrit sur le même registre avec la signature du testateur, du maire et des témoins. Si le testateur ne sait signer, il en sera fait mention. Le testament sera reçu soit à la mairie, soit au domicile du testateur si ce dernier est dans l'impossibilité de le quitter.

Tout testament pouvant exister ailleurs qu'à la mairie de la commune où sera domicilié le testateur au moment de son décès sera nul.

ART. 540

Avant de dresser l'inventaire prescrit par l'article 531, le maire recherche si le décédé a laissé un testament. S'il en existe un sous enveloppe cachetée, il convoque par lettre recommandée les héritiers naturels, pouvant être domiciliés dans la commune, à assister à l'ouverture du testament;

s'il n'en existe pas ou s'ils ne comparaissent pas, l'ouverture est faite en présence de deux conseillers municipaux qui signent avec le maire le procès-verbal de constat.

Art. 541

Si le testament institue un ou plusieurs légataires, partiels ou universels, ils sont avisés dans les vingt-quatre heures des dispositions faites à leur profit et convoqués à l'inventaire prescrit par l'article 531 ; les héritiers naturels y sont convoqués également. Dans tous les cas les héritiers naturels dont le maire à l'adresse sont avisés des dispositions du testament.

Art. 542

Il est ensuite procédé, soit entre les légataires et les héritiers, soit entre les légataires seulement, conformément aux articles 532, 533 et 534.

Si un ou plusieurs légataires renoncent aux legs à eux faits, les biens abandonnés reviennent, soit aux héritiers naturels soit, à leur défaut, à la nation.

Art. 543

Toute personne majeure peut disposer, de son vivant, de tout ou partie de ses biens à titre de donation en faveur de qui bon lui semble.

La prise de possession par le donataire des objets donnés lui vaudra titre.

Les donations sont irrévocables.

CHAPITRE XIV

De la Communauté de Biens entre Époux

Art. 544

Par le seul fait du mariage et nonobstant stipulations contraires, les biens que pourraient posséder personnellement les époux deviennent communs.

Sont également communs tous ceux qu'ils peuvent acquérir ensemble par la suite, et ceux qui peuvent être recueillis séparément par l'un ou l'autre des époux par héritage, testament ou donation.

Art. 545

Les biens de la communauté ne peuvent être aliénés, à titre onéreux ou gratuit, que par le mari, et du consentement des deux époux. Cette disposition ne s'applique pas à la monnaie.

Le consentement de la femme sera présumé accordé si, dans les vingt-quatre heures de l'aliénation, elle n'a formulé sa protestation au greffe de la justice de paix. La protestation, immédiatement notifiée au mari par le greffier, entraîne l'annulation de l'aliénation qui, si elle n'est acceptée à l'amiable par les parties, sera ordonnée par décision du juge de paix.

Si l'aliénation a été faite à titre onéreux, l'acquéreur pourra faire, par titre ou par témoins, la preuve du consentement de la femme. Dans ce cas l'aliénation ne sera pas annulée.

En cas d'annulation, le prix payé par l'acquéreur lui sera remboursé.

Si la femme était absente au moment de l'aliénation, le délai de vingt-quatre heures ne courra que du jour où elle en a eu connaissance.

Art. 546

Le mari touchera les allocations à titre de rentes, salaires, secours sociaux et autres, qui pourront revenir à la communauté et aux enfants. Il en aura la disposition.

Mais si la femme croit avoir à se plaindre de l'usage qu'il en fait, elle en fera la déclaration au greffe de la justice de paix.

Le juge de paix fera au mari les remontrances qu'il jugera fondées ; si, un mois au moins après son intervention, la femme se plaint de nouveau, le juge de paix ordonnera que la moitié des sommes revenant à la communauté et aux enfants soit versée chaque mois à la femme. La décision sera exécutoire immédiatement.

La femme en instance de divorce obtiendra, dès sa première déclaration, la même allocation.

ART. 547

En cas de dissolution de la communauté par divorce, décès, absence, interdiction, chaque époux ou l'époux resté seul retire la moitié des biens qui en dépendaient, sans préjudice des droits qui peuvent lui être conférés par le premier paragraphe de l'article 528.

En cas d'absence ou d'interdiction, il est procédé au partage de la communauté et de la succession, conformément aux dispositions des articles 531, 532, 533 et 534.

ART. 548

En cas de divorce, l'inventaire prescrit par l'article 531 est fait dans les trois jours de la première réunion des époux, faite par le juge de paix conformément à l'article 466, si elle n'a pas été suivie de réconciliation.

Si à ce moment il y a séparation de fait entre

les époux, il est procédé au partage provisoire de l'avoir commun, en présence du juge de paix et d'un expert désigné par lui.

Chaque époux retire d'abord les effets, linge, bijoux à son usage personnel ; les effets, linge, bijoux à l'usage des enfants, s'il en existe, sont ensuite mis à part.

Le surplus est divisé en deux lots, soit à l'amiable, soit par l'expert. Si les époux ne s'entendent pas pour l'attribution des lots, ils sont tirés au sort immédiatement.

Les effets à l'usage des enfants sont remis à l'époux qui conserve la garde des enfants, ou à l'assistance sociale si les enfants lui sont confiés.

Le partage provisoire devient définitif si le divorce est prononcé.

CHAPITRE XV

Dispositions diverses

Art. 549

L'essence de l'organisation socialiste est l'établissement et le maintien, entre tous les Français, d'une association nationale dans laquelle chaque individu ne contracte qu'avec la collectivité.

Cette association a pour objet la satisfaction de tous les besoins, matériels et intellectuels.

La loi en est le statut. Son application suffit pour que le but de l'association soit atteint.

Les conventions qui peuvent être faites entre particuliers n'ont donc aucun caractère d'intérêt général ; la loi n'a pas à les connaître, ni, par conséquent, à assurer leur exécution.

Exception est faite :

1° Pour les associations particulières, prévues par la loi dans un but d'utilité sociale ; ce sont les associations de grande culture et les associations de pêcheurs. Elles sont régies par des règlements d'administration publique ;

2° Pour les associations tacites que le mariage fait naître entre les époux ;

3° Pour les contrats de louage des domestiques attachés à la personne.

Art. 550

Tout engagement de services, dans le cas du dernier paragraphe de l'article qui précède, est fait pour un mois qui commence le premier jour du mois pour finir au dernier.

L'engagement contracté dans le courant d'un mois expire à la fin.

L'engagement se renouvelle indéfiniment de lui-même à la fin de chaque mois pour une période mensuelle, s'il n'a pas été dénoncé par l'une des parties quinze jours au moins avant son expiration. Exceptionnellement, si l'engagement a été contracté après le quinzième jour du mois, il peut être dénoncé cinq jours avant la fin de ce mois ; s'il a été contracté après le vingt-cinquième jour du mois il peut être dénoncé la veille de la fin du mois.

La rupture irrégulière est passible, de part et d'autre, d'une indemnité égale à un mois de gages.

Art. 551

L'engagement a lieu à la mairie. Il est écrit sur un registre spécial et signé par le maire avec les parties. Si l'une des parties ne sait signer, il en est fait mention.

L'acte d'engagement ne contient que les noms, prénoms et domicile des parties, la date de son point de départ et le montant mensuel des gages.

Art. 552

Par les soins du maire, copie de l'acte d'engagement est immédiatement adressée au payeur du Trésor, qui retient chaque mois, sur le salaire ou les autres allocations du maître, le montant des gages convenus et les verse au domestique.

Art. 553

La rupture d'un engagement a lieu par une déclaration, à la mairie, de la partie qui veut le résilier. Cette déclaration est écrite sur le registre des engagements et signée. Avis en est aussitôt donné par la mairie à l'autre partie contractante et au payeur du Trésor.

Art. 554

En cas de rupture irrégulière, la partie lésée en fait à la mairie la déclaration, qui est écrite et signée sur le registre des engagements.

Le maire convoque aussitôt par lettre recommandée la partie adverse et l'invite à fournir ses explications.

Faute par elle de répondre, ou si elle a disparu et que la lettre de convocation n'ait pu la toucher, le contrat est résilié à son tort. Acte en est dressé sur le registre des engagements.

Si elle répond et conteste la rupture du contrat, ou nie qu'elle soit de son fait, les parties sont renvoyées devant le juge de paix qui statue s'il ne parvient pas à les concilier.

Art. 555

Avis de la solution intervenue est donné au payeur, soit par le maire, soit par le juge de paix.

Si c'est le maître qui a rompu irrégulièrement l'engagement, le payeur retient sur ce qu'il doit toucher à la fin du mois le montant des gages échus le jour où l'engagement a été rompu, plus le mois alloué à titre d'indemnité, et verse le tout au domestique.

Si c'est le domestique qui a rompu irrégulièrement l'engagement, le payeur ne fait, sur ce que doit toucher le maître à la fin du mois, aucune retenue pour les gages gagnés par le domestique jusqu'au jour où il a cessé son service. La somme non retenue est acquise au maître à valoir sur l'indemnité accordée par l'article 550. Le surplus de cette indemnité est retenu par le payeur sur les gages ou le salaire du domestique dans son nouvel emploi, et versé au maître. Si ce surplus représente plus de quinze jours de gages, la retenue est faite en deux fois.

Art. 556

L'engagement d'un domestique mineur n'est valable que du consentement de son père, ou à défaut de père, de sa mère, ou enfin de son tuteur.

Le domestique mineur touche lui-même ses gages. Il peut rompre son engagement sans l'autorisation de ses parents.

ART. 557

La solidarité sociale instituée par l'article 256 fait disparaître la responsabilité individuelle qui résultait des articles 1382 et suivants du Code civil.

Néanmoins, en cas de délit ou de crime, la nation, après avoir indemnisé la victime du préjudice qu'elle a subi, est subrogée à ses droits contre celui qui l'a causé.

ART. 558

Toute violation, inapplication, ou mauvaise application de la loi, des décrets ou des règlements, imputable à l'autorité administrative, et qui porte préjudice à un particulier, oblige la nation à l'indemniser.

ART. 559

La nation exerce contre les particuliers les droits qu'elle tient de la loi, des décrets et des règlements par voie administrative, sans recourir à l'autorité de la justice. Il appartient aux particuliers lésés de recourir à la justice, conformément à l'article précédent.

ART. 560

On peut se faire représenter par mandataire, dans tous les cas où la loi n'exige pas la présence personnelle de l'intéressé.

Le pouvoir du mandataire lui est conféré par acte dressé, en présence du maire, sur un registre spécial et signé par le maire et les parties. Si l'une d'elles ne sait signer, mention en est faite.

L'acte de procuration détermine avec précision

l'objet du mandat, qui doit être limité. Toute procuration générale est nulle.

Une expédition du pouvoir, signée par le maire, est remise à chacune des parties.

ART. 561

Aussitôt que l'objet du mandat est rempli, décharge en est donnée par le mandant au mandataire dans les mêmes formes.

Le maire n'enregistre un pouvoir que s'il se rapporte à l'exécution de la loi ou des règlements et décrets de l'autorité publique.

Le mandant n'a de recours contre le mandataire qu'en cas de détournement ou dissipation des valeurs touchées en vertu d'un mandat régulier

---

TITRE XIII

LOI DE PROCÉDURE

CHAPITRE PREMIER

De la Justice en général

ART. 562

La justice est entièrement gratuite. Tous les frais qu'elle peut entraîner, de quelque nature qu'ils soient, sont à la charge de la nation. Aucune condamnation aux dépens ne peut être prononcée.

ART. 563

Le recouvrement des condamnations pécuniaires, en matière civile et pénale, ne donne lieu à aucune poursuite. Il est effectué par voie de retenue, sur les salaires, rentes, redevances et secours sociaux auquel le condamné peut avoir droit, ou sur le montant des produits qu'il vend à la nation, dans les conditions portées au chapitre IV du présent titre.

Si le condamné ne reçoit ni salaires, ni rentes, ni redevances, ni secours sociaux, il peut être procédé à la saisie des objets mobiliers, outillage et marchandises.

Lorsqu'une condamnation pécuniaire définitive est prononcée au profit d'un particulier, la nation lui en verse immédiatement le montant et se subroge à ses droits contre son débiteur ; elle les exerce par voie administrative.

La contrainte par corps est abolie.

Art. 564

Toutes les audiences de justice sont publiques, sauf les restrictions nécessitées par les bonnes mœurs.

Toutes les décisions sont motivées, écrites et signées des magistrats et du greffier.

Art. 565

Les magistrats composant un tribunal ne peuvent délibérer qu'en nombre impair.

Ne prennent part à la délibération que ceux qui ont assisté à tous les débats.

Les suppléants ont voix consultative lorsqu'ils ne remplacent pas un titulaire. Ils ont voix délibérative lorsqu'ils sont appelés à compléter le tribunal ou à remplacer un titulaire empêché de suivre les débats jusqu'à leur clôture.

Art. 566

Les décisions de justice sont rendues à la majorité absolue des voies délibérantes.

Les opinions sont recueillies par rang d'ancienneté dans la magistrature en commençant par le plus jeune. Si plus de deux opinions sont formulées et si aucun magistrat ne se rallie à une autre, le vote a lieu sur les deux extrêmes. L'abstention est interdite.

En aucun cas la décision n'indique si elle a été rendue à l'unanimité ou à la majorité.

Art. 567

La comparution personnelle, tant pour le demandeur que pour le défendeur, est obligatoire dans tous les cas et devant toutes les juridictions, civiles et pénales, sauf impossibilité matérielle justifiée.

Tout comparant est tenu de fournir les explications qui lui sont demandées ; il peut y ajouter toutes celles qu'il croit dans l'intérêt de sa cause. Il peut en outre se faire assister d'un défenseur.

Art. 568

Toute condamnation, civile ou pénale, est nulle si elle ne mentionne pas :

1° Que les parties comparantes ont été ouïes personnellement en leurs explications.

2° Qu'elles ont déclaré avoir eu communication des pièces sur lesquelles la décision est basée.

3° Qu'elles ont assisté aux dépositions des témoins qui ont pu être entendus.

ART. 569

Les notes d'audience seront sténographiques.

ART. 570

Le juge qui refusera de juger, sous prétexte du silence, de l'obscurité ou de l'insuffisance de la loi, pourra être poursuivi comme coupable de déni de justice (1).

ART. 571

Il est défendu aux juges de prononcer par voie de disposition générale et réglementaire sur les causes qui leur sont soumises (2).

ART. 572

L'étranger résidant en France est soumis aux lois françaises et justiciable des tribunaux français. En cas de refus d'exécuter les décisions prises contre lui, il peut être expulsé.

L'étranger qui aura laissé passer le délai minimum, fixé par l'article 417 pour demander sa naturalisation, sans former cette demande ne pourra plus être demandeur devant les tribunaux français.

Le Français résidant à l'étranger pourra toujours être cité devant un tribunal français.

1. Code civil, art. 4.
2. Code civil, art. 5.

CHAPITRE II

Procédure civile

SECTION I

De la Justice de Paix

ART. 573

Toutes les instances de particuliers contre la nation ou de particuliers entre eux sont introduites devant la justice de paix.

ART. 574

Les décisions de justice de paix sont rendues en premier ressort dans tous les cas où la loi ne déclare pas expressément qu'elles sont sans appel.

ART. 575

Lorsque la nation est défenderesse, l'instance est portée devant le juge de paix du domicile du demandeur. Le préfet du département de ce domicile représente la nation.

Lorsqu'il s'agit d'un litige entre particuliers domiciliés dans le même canton, l'instance est portée devant le juge de paix de ce canton.

Si le défendeur est domicilié dans un autre canton que le demandeur, la justice de paix compétente est désignée par ordonnance du premier président du tribunal départemental du domicile du demandeur, dans les conditions indiquées ci-après à l'article 576.

L'ordonnance du premier président n'est sujette à aucun recours.

ART. 576

L'introduction d'une instance a lieu par le dépôt, au greffe de la justice de paix du domicile du demandeur, d'un mémoire exposant et motivant la réclamation de ce dernier.

Si le défendeur ou l'un des défendeurs, dans le cas où il y en aurait plusieurs, est domicilié dans un autre canton, le greffier de la justice de paix adresse, dans les vingt-quatre heures, copie de ce mémoire au premier président du tribunal départemental qui la renvoie au greffier dans les vingt-quatre heures de sa réception, revêtue d'une ordonnance désignant la justice de paix compétente.

Cette justice de paix peut être celle du domicile de l'une des parties ou toute autre justice de paix d'un département quelconque. Cependant un litige entre deux particuliers domiciliés l'un et l'autre sur le territoire métropolitain ne sera jamais déféré à une justice de paix coloniale.

ART. 577

Si la justice de paix désignée n'est pas celle au greffe de laquelle le dépôt du mémoire introductif a été effectué, le greffier de celle-ci transmet, dans les vingt-quatre heures de la réception de l'ordonnance du premier président, au greffe de la justice de paix compétente, qui accuse réception dans les vingt-quatre heures, la copie du mémoire et l'ordonnance dont elle est revêtue.

ART. 578

Tous avertissements, toutes convocations, toutes transmissions de pièces et toutes communications quelconques, soit d'un greffe à un autre, soit entre greffes et magistrats, soit entre greffes et particuliers, auront lieu par la poste suivant lettres recommandées spéciales, dans les conditions ci-après fixées.

ART. 579

Les pièces envoyées seront placées sous enveloppes cachetées ; chaque enveloppe portera à côté de l'adresse du destinataire un bordereau énonciatif et numéroté des pièces qu'elle renferme, chaque numéro du bordereau correspondant avec le numéro de la pièce désignée en regard. Le récépissé de la poste reproduira ce bordereau. Dès que le pli aura été remis au destinataire, le receveur des postes avisera le greffier expéditeur de la date de cette remise.

ART. 580

Dans les vingt-quatre heures du dépôt du mémoire introductif, si le défendeur est domicilié dans le ressort de la justice de paix, ou dans les vingt-quatre heures de la réception de la copie de ce mémoire revêtue de l'ordonnance fixant le siège compétent, si le défendeur était domicilié dans un autre ressort, le greffier convoque le demandeur et le défendeur pour la plus prochaine audience. Cette convocation portera copie du mémoire introductif, et s'il y a lieu de l'ordonnance fixant la compétence. Un délai de huit jours francs devra exister entre la réception de la convocation et le jour de la comparution.

Si, par suite de retards dans la transmission, l'une des parties est convoquée à moins de huit jours francs d'intervalle et ne comparaît pas, l'affaire est remise à une audience ultérieure pour laquelle de nouvelles convocations sont envoyées dans le même délai aux deux parties.

Art. 581

Le délai de huit jours francs sera augmenté d'un jour par cent kilomètres de distance entre le siège de la justice de paix et le domicile de la partie qui en sera la plus éloignée. Ce délai de distance sera ajouté à tous les délais assignés aux parties, pour les divers actes de procédure qui pourront leur être notifiés.

Art. 582

Les deux premiers paragraphes de l'article 39 seront applicables aux convocations adressées aux particuliers. Le greffier expéditeur sera immédiatement avisé, par le commissaire de police ou le maire, de la date de la remise du pli, si elle peut être effectuée ; si le défendeur a quitté la commune en laissant son adresse à la mairie ou si son domicile nouveau est découvert, la convocation sera transmise par le commissaire de police ou le maire au commissaire de police ou au maire de la commune du dit domicile.

Si le défendeur est introuvable, il en sera dressé procès-verbal par le commissaire de police ou par le maire de la dernière commune où la convocation aura été transmise.

Le procès-verbal constatera si le défendeur a été effectivement domicilié en l'une ou plusieurs des communes où il a été recherché, dans l'affirmative en laquelle a été son dernier domicile, ou si au contraire, il n'a jamais eu son domicile dans aucune de ces communes.

Le procès-verbal sera envoyé dans les vingt-quatre heures de sa date au greffier expéditeur avec le pli non remis au destinataire.

Le greffier convoquera aussitôt le demandeur et l'invitera à fournir tous les renseignements qu'il peut posséder sur les domiciles antérieurs du défendeur. Il consignera ses déclarations sur un registre. En cas de non-comparution, aucune suite ne sera donnée à la demande.

Si les renseignements du demandeur n'ajoutent aucune indication nouvelle à celles recueillies dans les recherches précédentes, le greffier adressera sa convocation et les actes de procédure qui pourront suivre à la mairie de la commune où le dernier domicile du défendeur aura été constaté. Les dits actes et convocations y seront tenus pendant cinq ans à la disposition de l'intéressé.

Si les renseignements du demandeur font connaître un précédent domicile du défendeur, le greffier transmettra la copie du mémoire et de l'ordonnance au commissaire de police ou au maire de la commune de ce domicile, lesquels procéderont comme il a été dit ci-dessus. Au cas où la convocation ne pourrait être remise au défendeur, elle sera adressée à la mairie de son dernier domicile constaté, ainsi qu'il est dit au paragraphe précédent.

Art. 583

Les convocations seront remises en mains propres.

Lorsque le défendeur ne se trouvera pas à son domicile au moment où le facteur des postes s'y présentera, ni le lendemain, le facteur lui laissera un bulletin l'invitant à retirer la lettre dans les quatre jours au bureau de poste ; si ce délai expire sans que le défendeur s'y soit présenté, un deuxième avertissement lui fixant un nouveau délai de quatre jours lui sera adressé par le receveur des postes. S'il reste encore sans effet, le receveur des postes déposera la convocation à la mairie, conformément aux deux derniers paragraphes de l'article précédent, avec un procès-verbal constatant les faits ci-dessus.

Les commissaires de police ou maires procéderont de même, le cas échéant.

Copie du procès-verbal sera envoyée au greffier expéditeur.

Art. 584

Tous les avertissements, toutes les convocations, transmissions de pièce et communications quelconques, auxquels la procédure pourrait donner lieu par la suite, seront adressés aux défendeurs introuvables à la mairie où aura été déposée la première communication.

Si, au cours d'une instance, le défendeur ou le demandeur quittent leur domicile sans en aviser le greffier de la justice de paix, ce dernier procédera conformément à l'article 582.

Art. 585

Il sera donné défaut contre toute partie, convoquée dans les formes et délais prescrits par les articles précédents, et qui ne comparaîtra pas à la date fixée, alors même que la convocation ne lui aurait pas été remise à personne, à moins que par lettre ou dépêche indiquant un empêchement grave, elle ne sollicite du juge un nouveau délai.

Il sera procédé en son absence comme si elle était présente.

Les jugements par défaut ne seront pas susceptible d'opposition.

Si le juge accorde le délai demandé, de nouvelles convocations seront envoyées pour l'audience qu'il fixera, et cette fois aucune excuse d'absence ne sera admise de la part du même défaillant, qui sera cependant dispensé de comparaître personnellement s'il justifie être dans l'impossibilité matérielle de le faire.

Art. 586

A l'audience fixée par la convocation, le demandeur et le défendeur seront successivement entendus en personne dans leurs explications ; leurs défenseurs, s'ils en ont, seront également entendus ; le juge s'efforcera de concilier les parties ; s'il y parvient il en dressera procès-verbal, en indiquant les conditions de l'arrangement ; sinon le jugement sera rendu immédiatement ou renvoyé à une audience suivante, dont la date sera indiquée aux parties, qui n'y seront pas convoquées. En aucun cas cette audience ne pourra être éloignée de la première de plus de quinze jours.

Art. 587

Si l'une des parties demande à produire des pièces, elle devra le déclarer au juge de paix qui renverra à quinzaine la suite des débats, sans convocation nouvelle.

Dans les quarante-huit heures du renvoi, les pièces devront être déposées contre récépissé au greffe de la justice de paix, où la partie adverse pourra en prendre communication dans les quatre jours du renvoi. Elle aura alors un délai de cinq jours pour produire les pièces qu'elle pourrait y opposer, et son adversaire pourra à son tour en prendre communication jusqu'au jour de l'audience exclusivement. Toutes pièces produites tardivement ne seront pas admises.

La date des dépôts au greffe sera constatée par un procès-verbal dressé sur un registre spécial.

Art. 588

Si les parties sont contraires en faits de nature à être constatés par témoins, et dont le juge de paix trouve la vérification utile et admissible, il ordonnera la preuve et en fixera précisément l'objet, en renvoyant la cause à quinzaine pour l'enquête et le jugement, sans convocations nouvelles.

La liste des témoins sera déposée au greffe dans les quarante-huit heures du renvoi par la partie qui aura fait l'offre de preuve ; la partie adverse pourra en prendre connaissance dans les quatre jours du renvoi, et devra déposer, dans les six jours du renvoi, la liste des témoins qu'elle pourra juger à propos de faire entendre, et dont son adversaire pourra prendre connaissance à son tour.

Les témoins seront convoqués par le greffier et par lettres recommandées dans les sept jours du renvoi. Si leur domicile est inexactement indiqué, ou si après avertissement du receveur, la convocation ne peut leur être remise par la poste, deux jours avant l'audience, elle sera renvoyée au greffier.

Si la partie dont un témoin n'a pas été touché par la convocation persiste à demander son audition, le juge ordonnera qu'il soit entendu le jour fixé pour la plaidoirie et avant celle-ci. Une nouvelle convocation lui sera adressée dans les vingt-quatre heures de l'enquête.

ART. 589

Tout témoin touché par la convocation et absent le jour de l'enquête, sans justifier d'un empêchement grave, sera condamné à une amende de cinq francs à cent francs.

Sur la demande de la partie intéressée, il pourra être entendu le jour de la plaidoirie, conformément au dernier paragraphe de l'article précédent.

ART. 590

Il ne sera alloué aux témoins aucune indemnité ; cependant en cas de déplacement, le juge fixera l'indemnité à leur accorder ; elle leur sera versée par le payeur du siège.

ART. 591

Pour l'accomplissement des formalités prescrites par les articles 587 et 588, les parties peuvent se faire représenter par des fondés de pouvoirs réguliers.

ART. 592

La preuve par titre sera de droit ; la preuve par témoins sera admise, quelle que soit l'importance du litige, pourvu que le juge en reconnaisse l'utilité, conformément à l'article 588.

Art. 593

L'enquête aura lieu publiquement, soit en la salle des audiences, soit en une autre salle du Palais de Justice, soit sur les lieux du litige, si le juge le reconnaît nécessaire.

Art. 594

Le greffier fera l'appel des témoins et les introduira dans un local spécial, d'où ils seront appelés successivement pour déposer devant le juge.

Les témoins promettront, sans formule ni geste de serment, de dire toute la vérité et de ne dire que la vérité ; ils déclareront s'ils sont parents ou alliés de l'une des parties, et dans l'affirmative, à quel degré ; ils déclareront en outre s'ils sont au service de l'une des parties.

Les reproches dont certains témoins pourront être l'objet seront faits avant leur déposition et motivés. Ces témoins n'en seront pas moins entendus, et le juge appréciera la valeur de leur déposition.

Le juge exposera sommairement l'objet du litige à chaque témoin ; il l'y rappellera si sa déposition s'en écarte.

Les parties n'interrompront point les témoins ; mais quand ceux-ci auront fini de parler, elles pourront prier le juge de leur poser des questions, ce que le juge fera, soit sur leur demande soit d'office, s'il le juge convenable.

Art. 595

Dans les causes sujettes à appel, le greffier dressera un procès verbal de l'enquête en y mentionnant toutes les circonstances énumérées en l'article 594 ; lecture sera faite à chaque témoin de sa déposition qu'il signera ensuite. S'il ne sait ou ne peut signer, mention en sera faite. Le procès-verbal sera signé par le juge et le greffier.

Art. 596

Aussitôt après l'enquête, il sera procédé conformément à l'article 586.

Art. 597

Le juge de paix pourra, s'il le juge nécessaire pour s'éclairer, ordonner soit d'office, soit sur la proposition d'une des parties, qu'il sera procédé à une expertise.

Il nommera par le même jugement un ou trois experts, à son choix et fixera le délai dans lequel ils devront avoir déposé leur rapport.

La nomination des experts leur sera notifiée par le greffier dans les vingt-quatre heures du jugement ; ils auront ensuite un délai de cinq jours pour faire connaître, par déclaration signée faite au greffe, s'ils refusent cette mission. Passé ce délai ils seront considérés comme l'ayant acceptée et au cas où le rapport ne serait pas déposé dans le délai prescrit, ils seront passibles d'une amende de vingt à deux cents francs, que le juge de paix pourra prononcer d'office, après les avoir convoqués pour lui fournir leurs explications sur le retard apporté à leur travail.

Aucune récusation ne pourra être portée contre un ou plusieurs experts nommés. Néanmoins la partie qui croirait avoir de sérieux motifs de suspecter leur impartialité pourra, dans les huit jours de leur nomination, en faire la déclaration au greffe : il n'en sera donné connaissance à l'expert suspecté qu'après le dépôt de son rapport, et le juge de paix appréciera la valeur du reproche.

En cas de refus d'un ou de plusieurs des experts, il sera pourvu à leur remplacement dans les trois jours, par ordonnance du juge de paix.

Les articles 317 et 318 du Code de procédure civile resteront en vigueur.

Le rapport des experts sera déposé au greffe de la justice de paix, avec indication des honoraires et du remboursement des frais qu'ils réclament. Le juge de paix leur délivrera un bon de la somme qu'il fixera, et dont ils toucheront le montant à la caisse du payeur du siège.

Art. 598

Dans les vingt-quatre heures du dépôt du rapport au greffe, les parties sont invitées à en prendre communication et convoquées dans les formes et délais de l'article 580 pour le jugement. A l'audience fixée, il sera procédé conformément à l'article 586.

Le juge n'est point astreint à suivre l'avis des experts si sa conviction s'y oppose.

Il pourra, s'il le juge nécessaire, ordonner soit une nouvelle expertise, soit, si l'une des parties le demande, une enquête.

Art. 599

Les parties pourront toujours se présenter volontairement devant un juge de paix, qui jugera leur différend séance tenante, s'il n'y a pas lieu à production de pièces ou de témoins, ou les renverra comme il est dit ci-dessus dans le cas contraire. La déclaration des parties qu'elles demandent jugement sera recueillie par le greffier et signée par elles.

Art. 600

Lorsqu'une partie déclarera vouloir s'inscrire en faux, déniera l'écriture ou déclarera ne pas la reconnaître, le juge lui en donnera acte ; il paraphera la pièce et l'enverra au procureur de la République près le tribunal du département pour instruction. Le différend civil ne sera jugé qu'après la solution de l'incident.

Art. 601

Les articles 8, 10, 11 et 18 du Code de procédure civile resteront en vigueur.

Quiconque aura introduit une instance manifestement dépourvue d'intérêt sérieux, et d'un caractère dérisoire, pourra être condamné par le juge de paix à une amende de cinq francs à cent francs.

Art. 602

En cas d'instance contre la nation, les convocations seront adressées par le greffier au préfet du département. Ce dernier pourra demander l'ajournement de l'audience à une date qui ne pourra être éloignée de plus d'un mois.

En cas d'instance contre une association agricole ou une association de pêche, les convocations seront adressées au directeur de l'association.

Art. 603

Aucun défendeur ne pourra appeler un tiers en garantie ; s'il juge avoir un recours contre lui, il l'exercera par une instance séparée.

S'il croit avoir des droits contre le demandeur, il les exercera également par une instance séparée, devant le même magistrat. En cas de condamnation réciproque, la compensation s'établira entre l'une et l'autre.

Art. 604

En cas d'inobservation des prescriptions qui précèdent, le juge de paix, sur la réclamation d'une des parties, annulera la procédure. Le demandeur pourra introduire une nouvelle instance.

Art. 605

Toute partie qui, au moment d'introduire une instance, estimerait avoir des raisons sérieuses de suspecter l'impartialité du juge de paix de son domicile, en fera la déclaration motivée dans son mémoire.

Le greffier transmettra ce mémoire avec les observations du magistrat récusé, au premier président du tribunal départemental qui statuera en dernier ressort, par ordonnance motivée, sur cette récusation et, s'il y a lieu, désignera une nouvelle justice de paix.

Le même droit de récusation appartiendra au demandeur à l'égard du juge de paix devant lequel il serait renvoyé par application de l'article 576, ainsi qu'au défendeur. Il sera exercé par une déclaration faite au greffe et signée du déclarant et du greffier, avant le jour de l'audience à laquelle les parties seront convoquées. Il sera statué sur la récusation conformément au paragraphe précédent.

Art. 606

Les jugements qui ne statuent point sur le fond ne sont pas susceptibles d'appel.

L'appel des jugements au fond en premier ressort sera fait, par déclaration au greffe de la justice de paix, dans le délai de huit jours pour les jugements contradictoires et dans le délai d'un mois pour les jugements par défaut.

La déclaration sera signée par l'appelant et le greffier.

L'appel suspendra l'exécution.

Art. 607

Les décisions de justice de paix sont en dernier ressort dans les cas suivants :

1° Réclamations inférieures à cinq cents francs ;

2° Litiges portant sur des objets d'une valeur indéterminée, si les parties s'accordent pour leur attribuer une valeur de moins de cinq cents francs ;

3° Homologation des actes de notoriété (art. 435) ;

4° Constatation judiciaire des décès (art. 444) ;

5° Rectification des actes de l'état civil (art. 447) ;

6° Annulation de mariage (art. 461) ;

7° Remise d'un enfant à la nation (art. 476) ;

8° Désignation d'un tuteur (art. 481) ;

9° Nomination d'un subrogé tuteur (art. 485) ;

10° Litiges relatifs à des servitudes et concernant les petites propriétés non expropriées (art. 517).

11° Partage des successions (art. 534);

12° Annulation d'aliénation de biens de communauté (art. 545) ;

13° Rupture de contrat de louage de services (art. 554) ;

SECTION II

Du Tribunal départemental

ART. 608

A l'exception des instances en constatation d'absence, en divorce et en interdiction, dont la connaissance lui est attribuée par les articles 455, 468, 490 et suivants, et de celles qui pourront lui être attribuées par des lois ultérieures, la Chambre civile du tribunal départemental ne connaîtra que des appels interjetés contre les décisions de justice de paix en premier ressort. Elle statuera souverainement sur toutes les causes qui lui seront déférées.

ART. 609

Dans les quarante-huit heures de l'appel, le greffier de la justice de paix transmet au greffier du tribunal la copie du jugement entrepris, ainsi que toutes les pièces de l'affaire.

Le greffier en avise aussitôt le président de la chambre civile qui, par ordonnance rendue dans les vingt-quatre heures, désigne un juge rapporteur, à qui le dossier est immédiatement remis, et fixe l'audience où l'affaire sera plaidée.

ART. 610

Dans les quarante-huit heures de l'ordonnance,

le greffier convoque les parties à cette audience.

Avant les explications des parties et de leurs défenseurs, le juge rapporteur fait un exposé de l'affaire et donne ses conclusions.

Après les explications des parties et de leurs défenseurs, le ministère public donne également ses conclusions qu'il peut développer.

Le tribunal peut, s'il le juge convenable, ordonner une nouvelle enquête ou commettre de nouveaux experts.

Si de nouvelles pièces sont produites, il décide si elles seront versées aux débats.

La procédure et le jugement sont réglés par les dispositions relatives à la justice de paix. Aucune tentative de conciliation ne sera faite par le tribunal.

Art. 611

Le tribunal dans le ressort duquel est la justice de paix dont émane la décision attaquée sera seul compétent pour connaître de l'appel, quel que soit le domicile des parties.

Art. 612

Toutes les décisions du tribunal départemental peuvent être déférées à la Cour de cassation pour violation ou fausse interprétation de la loi.

Le pourvoi en cassation sera formé au greffe du tribunal départemental, dans la forme et dans le délai fixés pour l'appel des jugements de justice de paix. Il suspendra l'exécution.

Art. 613

Le décès d'une des parties met fin à l'instance, en quelque état que soit la procédure, devant le juge de paix, le tribunal départemental ou la Cour de cassation.

Si le décédé laisse des héritiers ou légataires subrogés à ses droits ou à ses obligations, l'instance peut être introduite à nouveau par eux ou contre eux.

Le décès d'un des héritiers n'interrompra pas les opérations de partage d'une succession. Les héritiers du décédé prendront sa place et il sera procédé en leur absence comme s'ils étaient présents.

SECTION III

De la Cour de cassation

ART. 614

Dans les quarante-huit heures du pourvoi en cassation, le greffier du tribunal départemental transmet au greffier de la Cour de cassation la copie du jugement dont la cassation est demandée, ainsi que toutes les pièces de l'affaire.

Le greffier de la Cour de cassation en avise aussitôt le président de la Chambre civile qui, dans les quarante-huit heures, désigne un conseiller rapporteur, à qui le dossier est immédiatement remis, et fixe l'audience où l'affaire sera examinée.

ART. 615

Dans les quarante-huit heures qui suivent, les parties en sont informées et invitées à déposer dans le délai de quinzaine, au greffe de la Cour, un mémoire contenant l'exposé de leurs moyens.

Ce mémoire est transmis au conseiller rapporteur.

Art. 616

Ni les parties ni leurs défenseurs ne sont entendus dans leurs explications à l'audience.

Le conseiller rapporteur présente son rapport et ses conclusions.

Le ministère public donne également ses conclusions.

Puis l'affaire est mise en délibéré et le prononcé de l'arrêt renvoyé à la prochaine audience.

Copie de l'arrêt est envoyée aux parties dans les quarante-huit heures de sa date par le greffier de la Cour.

S'il y a cassation, la Cour renverra les parties devant un nouveau tribunal qu'elle désignera.

Art. 617

Toute partie qui estimera qu'un juge a manqué gravement à son devoir, ou commis dans l'exercice de ses fonctions un délit ou un crime, pourra adresser sa plainte par lettre recommandée au procureur général près la Cour de cassation, en énumérant avec soin toutes les circonstances des faits incriminés et en y joignant toutes les pièces justificatives utiles.

La Cour de cassation recherchera la vérité par les moyens qu'elle jugera convenables, et si le juge est reconnu coupable, elle prononcera contre lui la peine de la réprimande, la suspension pour une durée qu'elle fixera, ou dans le cas d'indignité, la révocation, sans préjudice des pénalités de droit commun.

Elle pourra de plus le condamner envers le plaignant à des dommages-intérêts.

Si la plainte est reconnue calomnieuse, le plaignant sera condamné à une amende de 100 francs à 10.000 francs.

SECTION IV

Procédures spéciales

ART. 618

Dans les quarante-huit heures d'une réclamation contre des élections électorales, municipales, le secrétaire de la mairie la transmet au greffe de la justice de paix qui convoque, conformément à l'article 580, tous les candidats dont l'élection a été proclamée. Si ces derniers sont au nombre de plus de trois, ils peuvent se dispenser de comparaître personnellement en donnant à un ou plusieurs d'entre eux un pouvoir régulier. Les convocations ultérieures, s'il y a lieu, ne sont adressées qu'aux mandataires.

Le juge de paix de la commune dont les opérations électorales sont contestées est seul compétent, quel que soit le domicile de certains des élus.

ART. 619

L'auteur d'une invention ou d'une découverte, d'une statue, d'un tableau, ou de tout autre objet d'art non industriel, d'une œuvre littéraire, dramatique ou musicale qui voudra faire constater le refus de la nation de les acquérir, afin de pouvoir en disposer librement, fera au greffe de la justice de paix de son domicile une déclaration indiquant la nature de l'invention, de la découverte ou de l'œuvre à céder et le prix qui en est demandé. Cette déclaration, inscrite sur un registre et signée de son auteur et du greffier, sera immédiatement transmise au préfet du département par lettre recommandée.

Si, dans les deux mois de cette transmission, une entente ne n'est pas établie, ou si aucune opposition n'a été formulée, le refus sera considéré comme définitif.

Art. 620

Si un grand intérêt national est attaché à la conservation de l'invention, de la découverte ou de l'œuvre, et si une entente ne peut s'établir entre la nation et son auteur sur les conditions de la cession, le préfet s'opposera par lettre recommandée, adressée au greffe de la justice de paix où aura été faite la déclaration prescrite par l'article précédent, et dans le délai de deux mois fixé par ledit article, à ce qu'elle soit cédée à un particulier ou à une nation étrangère. Par la même lettre, il fera connaître l'expert proposé par la nation pour en fixer la valeur.

Dans les vingt-quatre heures de la réception de cette lettre, le greffier de la justice de paix en enverra copie à l'intéressé, qui aura un délai de quinze jours pour désigner son expert par déclaration au greffe. Les deux experts seront convoqués, dans les vingt-quatre heures qui suivront, à comparaître à huitaine franche devant le juge de paix pour nommer un tiers expert. Si l'accord ne peut s'établir entre eux à ce sujet, ce magistrat en dressera procès-verbal et les pièces seront transmises dans les quarante-huit heures au premier président du tribunal départemental qui, par ordonnance rendue dans les quinze jours qui suivront, désignera le tiers expert et fixera le délai dans lequel les trois experts devront avoir déposé leur rapport au greffe du tribunal départemental.

Si les trois experts ne sont pas d'accord sur l'évaluation qu'ils auront à faire, leur rapport indiquera le chiffre proposé par chacun d'eux, et il sera statué par le tribunal départemental conformément à l'article 598.

Si les trois experts sont d'accord, leur décision sera exécutée sans recours.

Art. 621

L'annulation d'un testament, fait en faveur d'une des personnes désignées par les paragraphes 3, 4 et 5 de l'article 538, sera demandée par les intéressés ou l'un d'eux dans la huitaine du jour où ils en auront connaissance, soit par déclaration au greffe de la justice de paix, s'ils sont domiciliés dans le canton, soit par lettre recommandée adressée au greffe de la justice de paix, s'ils n'y sont pas domiciliés.

Si le défunt ne laisse pas d'héritiers naturels, le préfet, avisé comme représentant de la nation, des dispositions testamentaires irrégulières, en demandera l'annulation dans ledit délai.

Il sera statué par le juge de paix sur les demandes d'annulation de testament en la forme des procédures ordinaires.

Art. 622

Dans les cas prévus par les articles 435, 444, 476, 481, 485, 532 et suivants, 545, 546 et 548, les juges de paix ne seront astreints à aucune forme particulière de procédure, en dehors des prescriptions desdits articles. Ils se conformeront aux indications générales contenues dans le présent chapitre.

ART. 623

Les différends entre particuliers pourront être réglés par des arbitres choisis par les parties : mais les décisions arbitrales n'auront aucune force exécutoire.

CHAPITRE III

Procédure pénale

SECTION I

Dispositions générales

ART. 624

La répression d'une contravention, d'un délit ou d'un crime peut être poursuivie :

Par le ministère public, soit d'office, soit à la suite d'un procès-verbal.

Et par la partie lésée, soit par une plainte soit par une action directe.

Même dans ce dernier cas, une condamnation ne peut être prononcée que sur les réquisitions du ministère public. Il appartient seulement à la partie lésée de réclamer les dommages-intérêts auxquel elle peut avoir droit.

Cette demande en dommages-intérêts ne peut faire en aucun cas l'objet d'une instance séparée.

ART. 625

L'action publique pour l'application de la peine

s'éteint par la mort du prévenu ; l'action civile, pour la réparation du dommage, ne peut être introduite que du vivant du prévenu ; elle n'est pas interrompue par son décès ; le tribunal sais statue par défaut.

Si une condamnation est prononcée, l'application du paragraphe 3 de l'article 563 n'entraîne aucun recours de la nation contre les héritiers du défunt.

L'action publique et l'action civile s'éteignent par la prescription.

Art. 626

La renonciation à l'action civile ne peut arrêter ni suspendre l'exercice de l'action publique.

Art. 627

Le doute bénéficie toujours au prévenu.

Art. 628

Les articles 5, 6 et 7 du Code d'instruction criminelle restent en vigueur; les articles 578, 579, 582, 583, 584, sur la forme et l'envoi des convocations, ainsi que l'article 581 sur les délais de distance, et l'article 585, sur les jugements par défaut, sont également applicables devant toutes les juridictions pénales.

SECTION II

De la police judiciaire et des officiers de police qui l'exèrcent

ART. 629

Les articles 8, 9, 10, 11, 12, 13, 14, 15 du Code d'instruction criminelle restent en vigueur.

L'article 16 du Code d'instruction criminelle reste en vigueur, sauf le paragraphe 4 qui est remplacé par le suivant : « Ils arrêteront et conduiront devant le juge de paix ou devant le maire tout individu qu'ils auront surpris en flagrant délit, ou qui sera dénoncé par la clameur publique, lorsque ce délit sera un crime. »

Les articles 17, 18, 19 et 20 du Code d'instruction criminelle restent en vigueur.

L'article 21 du Code d'instruction criminelle reste en vigueur sauf la fin qui sera ainsi conçue : « ainsi qu'il sera réglé à la section V du présent chapitre ».

Les articles 22, 23, 24, 25, 26, 28,29, 30, 31 du Code d'instruction criminelle restent en vigueur, sauf, à l'article 31, les mots : « mais à ses frais » qui sont supprimés.

Les articles 32 et 33 du Code d'instruction criminelle restent en vigueur, sauf modification ainsi qu'il suit du commencement de l'article 32 : « Dans tous les cas de flagrant délit, lorsque le délit sera un crime, le procureur etc.»

L'article 34 du Code d'instruction criminelle reste en vigueur, sauf les mots : « tout contrevenant à cette défense sera, s'il peut être saisi, déposé dans la maison d'arrêt », lesquels sont supprimés.

Les articles 35, 36, 37, 38 et 39 du Code d'instruction criminelle restent en vigueur.

L'article 40 du Code d'instruction criminelle reste en vigueur sauf les mots, « lorsque le fait sera de nature à entraîner peine afflictive ou infamante » qui seront remplacés par ceux-ci : « lorsque le fait sera un crime ».

Les articles 41, 42, 43 et 44 du Code d'instruction criminelle restent en vigueur sauf, à l'article 44, les mots : « prêteront le serment » qui seront remplacés par celui-ci : « promettront ».

L'article 45 du Code d'Instruction criminelle reste en vigueur, sauf les mots : « ainsi qu'il sera dit au chapitre des juges d'instruction » qui seront remplacés par ceux-ci : « ainsi qu'il sera dit à la section III du présent chapitre ».

Les articles 46 et 47 du Code d'instruction criminelle restent en vigueur, sauf à la fin de l'article 47, la modification indiquée au paragraphe qui précède.

Les articles 48, 49, 50, 51, 52, 53 et 54 du Code d'instruction criminelle restent en vigueur.

SECTION III

De l'Instruction

ART. 630

En matière correctionnelle, l'instruction est faite par un des suppléants du juge de paix.

En matière criminelle, elle est faite par un des juges ou des juges suppléants du tribunal départemental.

Dans l'un et l'autre cas, les juges d'instruction sont désignés chaque année par ordonnance du premier président du tribunal départemental.

Il peut toujours être établi plusieurs juges d'instruction, dans les juridictions où les besoins du service l'exigent.

En cas de maladie ou d'empêchement d'un juge d'instruction, il est pourvu à son remplacement par ordonnance du premier président du tribunal départemental.

Art. 631

Les articles 59 et 60 du Code d'Instruction criminelle restent en vigueur.

Les articles 61 et 62 du même Code restent en vigueur, mais en matière criminelle seulement.

Art. 632

Les articles 63 et 64 du Code d'Instruction criminelle restent en vigueur, sauf le dernier paragraphe de l'article 64 qui est abrogé.

Les articles 65 et 66 du même Code restent en vigueur, sauf, à l'article 66, les mots : « dans le cas du désistement, ils ne sont pas tenus des frais depuis qu'il aura été signifié » qui sont supprimés.

Les articles 67, 69 et 70 du Code d'Instruction criminelle restent en vigueur.

Art. 633

L'article 71 du Code d'Instruction criminelle reste en vigueur.

Les témoins seront cités par le greffier de la justice de paix et par lettre recommandée.

Ils seront entendus séparément, en présence du prévenu, de la partie civile et de leurs défenseurs, par le juge d'instruction assisté de son greffier. Le prévenu et la partie civile peuvent se dispenser d'assister à l'audition des témoins.

Art. 634

Les témoins promettront, sans formule ni geste de serment, de dire toute la vérité et de ne dire que la vérité; le surplus de l'article 75 du Code d'Instruction criminelle reste en vigueur, ainsi que les articles 76 et 78 du même Code. L'article 77 reste en vigueur sauf les mots: « même s'il y a lieu de prise à partie contre le juge d'instruction », lesquels sont supprimés.

Les trois derniers paragraphes de l'article 594 seront applicables à l'instruction.

Le premier paragraphe de l'article 589 et l'article 590 lui seront également applicables.

En cas de non-comparution d'un témoin, il pourra être entendu ultérieurement, si le prévenu ou la partie civile le demandent, ou si le juge d'instruction le juge nécessaire.

Art. 635

Les articles 83, 84 et 85 du Code d'Instruction criminelle restent en vigueur.

Si le témoin auprès duquel le juge se sera transporté, dans les cas prévus par ces trois articles, n'était pas dans l'impossibilité de se rendre à la convocation, le juge dressera procès-verbal contre lui et le médecin qui aura délivré le certificat. L'un et l'autre seront déférés au tribunal correctionnel et condamnés à une amende de 5 francs à 100 francs et à un emprisonnement de dix jours au plus.

Art. 636

Les articles 87, 88, 89 et 90 du Code d'Instruction criminelle restent en vigueur.

Toutefois aucune perquisition ne pourra être effectuée au domicile privé d'une tierce personne, non impliquée comme complice dans la poursuite, sans son consentement.

Art. 637

Le juge d'instruction pourra commettre des experts ; dans ce cas, il sera procédé conformément aux dispositions de l'article 597.

Le prévenu et la partie civile pourront prendre communication du rapport des experts, ainsi que de toutes les autres pièces versées à l'instruction.

Art. 638

En matière correctionnelle, il n'est jamais procédé à des arrestations préventives.

Si un prévenu a été arrêté, par mesure de sûreté, au cours d'une rixe violente, le procureur de la République le fait remettre en liberté dans les quarante-huit heures qui suivent la réception du procès-verbal.

Seront néanmoins gardés sous les verrous, s'ils ont été arrêtés dans le cas précédent, ou pourront être arrêtés et retenus en tous autres cas, les prévenus condamnés précédemment pour crime ou condamnés deux fois à l'emprisonnement pour délit. Mais le juge d'instruction pourra, lorsqu'il n'y verra pas d'inconvénients, les faire remettre en liberté provisoire.

Art. 639

En matière criminelle, il peut toujours être procédé à des arrestations préventives ; mais elles ne sont maintenues que dans le cas où il s'agit d'attentats contre les personnes, ou si la liberté laissée au prévenu paraît être un danger pour la sécurité publique ou la vie de particuliers, ou enfin si le prévenu a déjà subi une condamnation pour crime.

Art. 640

En matière correctionnelle, le juge d'instruction fait convoquer le prévenu par le greffier, par lettre recommandée. Si le prévenu ne comparaît pas, il est donné défaut contre lui et passé outre.

En matière criminelle, le juge d'instruction décerne contre le prévenu soit un mandat de comparution, soit un mandat d'amener. Si le prévenu ne se présente pas sur le mandat de comparution, il décerne un mandat d'amener.

Art. 641

L'article 93 du Code d'instruction criminelle, complété par la loi du 8 décembre 1897, reste en vigueur.

En matière criminelle, après l'interrogatoire du prévenu, si le juge croit devoir décerner un mandat de dépôt ou d'arrêt, il ne pourra le faire qu'après avoir entendu le procureur de la République.

Les deux derniers paragraphes de l'article 94, les articles 95 et 96 du Code d'instruction criminelle restent en vigueur.

L'article 97 du même Code reste en vigueur, sauf les mots « par un huissier ou » qui sont supprimés.

Art. 642

Les articles 98, 99, 100, 101, 102 et 103 du Code d'instruction criminelle restent en vigueur, avec les modifications résultant des articles 4, 5 et 6 de la loi du 8 décembre 1897.

Les articles 3, 4, 5, 6, 7, 8, 9, 10 et 11 de la loi du 8 décembre 1897 restent en vigueur, sauf, à l'article 11, le remplacement des mots « Cour d'assises » par les mots « Cour criminelle ».

L'article 104 du même Code reste en vigueur, sauf les mots « conformément aux articles 127, 128, 129, 130, 131, 132 et 133 ci-après » qui sont supprimés.

L'article 105 du Code d'instruction criminelle reste en vigueur.

L'article 106 du même Code reste en vigueur, sauf les mots « si le crime ou délit comporte peine afflictive ou infamante » qui seront remplacés par ceux-ci : « si le crime est un attentat contre la personne ».

Sur l'exhibition du mandat de dépôt, l'inculpé sera reçu et gardé dans la maison d'arrêt établie près la Cour criminelle ; et le gardien remettra à l'agent de la force publique chargé de l'exécution du mandat une reconnaissance de la remise du prévenu.

Les articles 108, 109, 110 et 111 du Code d'instruction criminelle restent en vigueur, sauf, à l'article 111, les mots « au greffe du tribunal correctionnel » qui seront remplacés par ceux-ci : « au greffe de la Cour criminelle ».

L'article 112 du même Code reste en vigueur sauf les mots « et s'il y a lieu, d'injonction au juge d'instruction et au procureur impérial, même de prise à partie s'il y échet » qui sont supprimés.

Art. 643

Dans le cas où le juge d'instruction se refuserait à accorder à un prévenu la liberté provisoire, par application du paragraphe 3 de l'article 94 du Code d'instruction criminelle, maintenu par l'article 641, le prévenu pourra se pourvoir contre l'ordonnance du juge.

Son pourvoi sera formé par une déclaration au greffe de la Cour criminelle. Il sera statué sur lui dans la huitaine par la chambre d'accusation de la Cour criminelle, après audition du ministère public et du prévenu.

La mise en liberté provisoire peut être demandée en tout état de cause.

Si, après avoir obtenu sa liberté provisoire, le prévenu ne comparaît pas sur les convocations qui lui sont adressées, le juge d'instruction peut décerner contre lui un nouveau mandat d'amener, d'arrêt ou de dépôt.

Art. 644

Il est dressé procès-verbal des questions posées par le juge au prévenu et des réponses de ce dernier, ainsi que des explications fournies par la partie civile. Le prévenu et la partie civile seront invités à le signer avec le juge et le greffier. S'ils ne le peuvent ou s'y refusent, mention en est faite.

Art. 645

Si, au cours d'une instruction, il est reconnu que le fait délictueux est faux ou ne constitue pas le délit visé au réquisitoire du procureur de la République, et si en même temps l'instruction découvre un autre fait délictueux, ou constate que le fait visé constitue un autre délit, elle est continuée sans interruption.

Art. 646

Les articles 127 et 128 du Code d'instruction criminelle, ainsi que le premier paragraphe de l'article 129 et le premier paragraphe de l'article 130 du même Code restent en vigueur. Copie des ordonnances du juge d'instruction est adressée, dans les vingt-quatre heures au prévenu et à la partie civile par le greffier et par lettre recommandée. Le juge d'instruction transmet, dans les vingt-quatre heures son ordonnance et le dossier, dont les pièces sont cotées et paraphées, au procureur de la République.

Le procureur de la République peut, dans les huit jours de la réception du dossier, faire opposition à l'ordonnance ; son opposition est déposée avec le dossier et l'ordonnance au greffe de la Cour criminelle. La Chambre d'accusation de la Cour criminelle statue dans la huitaine, après avoir entendu le procureur de la République, le prévenu ou la partie civile, si ces derniers se présentent à la convocation qui leur est adressée trois jours francs au moins à l'avance.

Le prévenu renvoyé devant le tribunal correctionnel peut également faire opposition à l'ordonnance de renvoi.

La partie civile peut faire opposition à l'ordonnance de non-lieu ou à celle de renvoi devant le tribunal de simple police.

L'opposition du prévenu et de la partie civile est faite par déclaration au greffe du tribunal où l'instruction a eu lieu et dans le délai de quatre jours à compter de la notification de l'ordonnance

Communication en est donnée, dans les vingt-quatre heures, au procureur de la République qui transmet le dossier à la Chambre d'accusation de la Cour criminelle, laquelle statue comme il est dit ci-dessus.

Art. 647

Dans la huitaine de la réception du dossier, s'il n'y a pas opposition à l'ordonnance, ou dans la huitaine de l'arrêt de la Chambre d'accusation qui statue sur l'opposition, le procureur de la République transmet le dossier au greffe du tribunal devant qui l'affaire est renvoyée, ou en cas de non-lieu, au greffe du tribunal où l'instruction a été faite.

Dans ce dernier cas, le prévenu et la partie civile sont avisés du non-lieu dans les vingt-quatre heures par le greffe, et par lettre recommandée.

En cas de renvoi, le prévenu et la partie civile sont convoqués dans le même délai et par le même mode à comparaître devant le tribunal de renvoi.

Art. 648

Si le juge d'instruction estime que le fait constitue un crime et que la présomption contre l'inculpé est suffisamment établie, il ordonne que les pièces d'instruction, le procès-verbal constatant le corps du délit et les pièces servant à conviction soient transmis sans délai à la Chambre d'accusation de la Cour criminelle. Aucune opposition ne peut être formée à cette ordonnance.

SECTION IV

De la compétence

ART. 649

Les contraventions seront jugées en dernier ressort par le juge de paix, statuant en matière de simple police,

Les délits seront jugés en premier ressort par le juge de paix, statuant correctionnellement, et en dernier ressort, sur appel, par la Chambre correctionnelle du tribunal départemental.

Les crimes seront jugés en dernier ressort par la Cour criminelle départementale composée, soit de deux Chambres correctionnelles du tribunal, soit par la Chambre correctionnelle réunie à la Chambre civile, sous la présidence du premier président du tribunal.

S'il y a plusieurs chambres correctionnelles dans un même tribunal, la Cour criminelle sera composée par voie de roulement entre les différentes chambres.

La Chambre d'accusation, chargée de statuer sur les pourvois contre les ordonnances du juge d'instruction, et sur les renvois devant la Cour criminelle, est composée de trois juges titulaires, juges d'instruction ou juges suppléants du tribunal départemental au moins, désignés chaque année par ordonnance du premier président. Les juges d'instruction n'y siégeront pas dans les affaires où ils auront occupé.

Les décisions rendues en matière correctionnelle et criminelle sont sujettes à un recours en Cassation pour violation ou fausse interprétation de la loi.

SECTION V

De la simple police

ART. 650

Les contraventions seront déférée au tribunal de simple police dans le ressort duquel elles ont été commises.

ART. 651

Le droit de poursuite directe, attribué par l'article 624 à toute partie qui se prétend lésée, ne peut plus être exercé lorsque cette partie, au lieu d'en user, a déposé une plainte qui a abouti à une ordonnance de non-lieu. Son droit reste intact si aucune instruction n'a été ouverte à la suite de sa plainte.

ART. 652

Les articles 142 et 143 du Code d'Instruction criminelle restent en vigueur.

L'article 144 du même Code reste en vigueur, sauf les mots « le procureur général près la cour impériale » qui seront remplacés par ceux-ci : « le procureur de la République près le tribunal départemental ».

ART. 653

En cas de poursuite par le ministère public, la citation est envoyée à sa requête au prévenu par le greffier du tribunal de police et par lettre recommandée, dix jours au moins avant l'audience.

La même convocation est envoyée à la partie

plaignante si la poursuite est intentée à la suite d'une plainte.

L'action directe de la partie lésée est introduite par le dépôt au greffe du tribunal de police, dans le ressort duquel la contravention a été commise, d'un mémoire exposant et motivant sa plainte et indiquant les témoins qu'elle demande à faire entendre.

Copie de ce mémoire est envoyée au prévenu dans les vingt-quatre heures, et dix jours au moins avant l'audience, avec convocation devant le tribunal de simple police.

Art. 654

Si la partie poursuivie veut faire entendre des témoins, elle doit en déposer la liste au greffe dans les quarante-huit heures de la réception de la convocation.

Les témoins du ministère public, de la partie plaignante et du prévenu sont convoqués en même temps par le greffe et par lettres recommandées, conformément au paragraphe 3 de l'article 588.

L'article 148 du Code d'instruction criminelle reste en vigueur.

Art. 655

Tout témoin absent le jour de l'audience sans excuse légitime, bien que régulièrement convoqué, sera condamné à une amende de cinq francs à cent francs.

Le tribunal peut, sur la demande de la partie intéressée, renvoyer la cause pour entendre le témoin absent.

L'article 590 est applicable aux témoins cités en simple police.

Art. 656

Si l'auteur d'une poursuite directe ne comparaît pas et ne justifie pas d'un empêchement grave, la cause sera rayée du rôle et une nouvelle instance ne pourra plus être introduite pour les mêmes faits.

Si le prévenu ne comparaît pas et ne justifie pas d'un empêchement grave, il sera donné défaut contre lui et passé outre.

Art. 657

Les articles 153 et 154 du Code d'instruction criminelle restent en vigueur.

L'article 155 du même Code reste également en vigueur, sauf les mots : « feront à l'audience sous peine de nullité le serment » qui sont remplacés par ceux-ci : « promettront à l'audience sans formule ni geste de serment ».

Les articles 156, 159, 160 et 161 du même Code restent en vigueur.

Art. 658

Le deuxième paragraphe de l'article 601 s'applique aux jugements de simple police, ainsi que les articles 10, 11 et 18 du Code de procédure civile.

Art. 659

Le droit de récusation qui résulte de l'article 605 pourra être exercé en matière de simple police.

Art. 660

Quoique en dernier ressort quant au fond, les jugements de simple police pourront être attaqués si les formes prescrites par la loi dans l'intérêt des parties n'ont point été observées.

L'appel sera fait par déclaration au greffe du tribunal de police, dans la huitaine du jugement attaqué. Il sera suspensif.

Dans les vingt-quatre heures qui suivront, le dossier sera transmis au greffe de la chambre correctionnelle du tribunal départemental.

Cette chambre statuera en la forme des appels de police correctionnelle. Si elle annule le jugement attaqué, elle statuera au fond à nouveau.

SECTION VI

De la police correctionnelle

ART. 661

Les dispositions des articles 651, 652, 653, 654, 655, 656, celles des deux premiers paragraphes de l'article 657, celles de l'article 659, sur la simple police, s'appliquent à la police correctionnelle, ainsi que le deuxième paragraphe de l'article 601 les articles 10 et 18 du Code de procédure civile et l'article 156 du Code d'instruction criminelle.

ART. 662

Si le fait est reconnu ne constituer ni un délit, ni une contravention, le tribunal annulera l'instruction et tout ce qui aura suivi, renverra le prévenu et statuera sur les demandes en dommages-intérêts.

ART. 663

Si le fait n'est qu'une contravention, le tribunal appliquera la peine de simple police et statuera sur les dommages-intérêts. Dans ce cas son jugement sera en dernier ressort.

Art. 664

Si le fait paraît constituer un crime, le tribunal renverra le prévenu devant le juge d'instruction compétent.

Art. 665

S'il se commet un délit correctionnel dans l'enceinte et pendant la durée de l'audience, le juge dressera procès-verbal du fait, entendra le prévenu et les témoins, et appliquera sans désemparer les peines prononcées par la loi.

Art. 666

Les jugements de police correctionnelle seront toujours susceptibles d'appel de la part de toutes les parties intéressées.

L'appel sera fait par déclaration au greffe du tribunal correctionnel, dans la huitaine du jugement attaqué. Il sera suspensif.

Art. 667

Dans les quarante-huit heures qui suivront, le dossier sera transmis au greffe de la Chambre correctionnelle du tribunal départemental, dans le ressort duquel aura été rendue la décision attaquée.

Le greffier en avisera aussitôt le président de la Chambre correctionnelle qui, par ordonnance rendue dans les vingt-quatre heures, désignera un juge rapporteur à qui le dossier sera immédiatement remis et fixera l'audience où l'affaire sera examinée.

ART. 668

Dans les quarante-huit heures de l'ordonnance, le greffier convoquera les parties et le procurenr de la République à l'audience fixée. Le juge rapporteur remettra le dossier au greffe seize jours au moins avant l'audience. Il sera remis pendant huit jours au procureur de la République et sera tenu au greffe à la disposition des parties pendant une égale durée. Ces délais pourront être augmentés, par ordonnance du président, sur la demande d'une des parties intéressées si un plus long temps est nécessaire pour prendre connaissance du dossier.

ART. 669

Le siège du ministère public sera occupé, aux audiences d'appels correctionnels, par le procureur de la Républiquo ou l'un de ses substituts.

ART. 670

A l'audience, le juge rapporteur fera d'abord un exposé de l'affaire et donnera lecture des pièces de l'instruction.

Le prévenu sera interrogé. Les pièces pouvant servir à conviction ou à décharge seront représentées à toutes les parties.

Le ministère public requerra l'application de la loi.

Les parties et leurs défenseurs seront successivement entendues, la parole étant donnée au prévenu en dernier lieu.

Le jugement sera rendu soit à l'audience, soit à une audience ultérieure.

ART. 671

Le tribunal d'appel pourra, s'il le juge nécessaire, ordonner une nouvelle enquête ou commettre de nouveaux experts.

Si de nouvelles pièces sont produites, il décidera si elles seront versés aux débats.

ART. 672

Dans le dispositif de tout jugement de condamnation seront énoncés les faits dont le prévenu sera jugé coupable et la peine prononcée. Le texte de la loi dont on fera l'application sera lu à l'audience par le président ; il sera fait mention de cette lecture dans le jugement et le texte de la loi y sera inséré.

La minute du jugement sera signée au plus tard dans les vingt-quatre heures par les juges qui l'auront rendu.

ART. 673

Si le jugement de première instance est réformé, parce que le fait est reconnu ne constituer ni un délit ni une contravention, le tribunal d'appel renverra le prévenu et statuera, s'il y a lieu, sur les dommages-intérêts.

Si le jugement est réformé parce que le fait ne constitue qu'une contravention de police, le tribunal d'appel prononcera la peine et statuera également, s'il y a lieu, sur les dommages-intérêts.

Si le jugement est réformé parce que le fait paraît constituer un crime, le tribunal d'appel renverra le prévenu devant le juge d'instruction compétent.

Si le jugement est annulé pour vice de forme le tribunal d'appel statuera au fond.

Art. 674

Toutes les parties intéressées pourront se pourvoir en cassation pour violation ou fausse interprétation de la loi.

Le paragraphe 11 de l'article 612 sera applicable aux pourvois formés contre les jugements d'appel correctionnels.

Art. 675

L'article 614 leur sera également applicable sauf les mots « président de la Chambre civile » qui seront remplacés par ceux-ci : « président de la Chambre correctionnelle. »

L'article 615 sera applicable.

Le ministère public n'aura pas à déposer de mémoire ; il prendra communication de ceux des autres parties.

Les articles 616 et 617 seront applicables.

Section VII

De la Cour criminelle

Art. 676

Le président de la Chambre d'accusation à qui un dossier est transmis, conformément à l'article 648, réunit la Chambre d'accusation dans la huitaine pour l'examiner.

ART. 677

La Chambre d'accusation examinera s'il existe contre le prévenu des preuves ou des indices d'un fait qualifié crime par la loi, et si ces preuves ou indices sont assez graves pour que la mise en accusation soit prononcée.

ART. 678

La Chambre d'accusation se réunit et délibère en chambre du conseil, hors la présence des parties et du ministère public ; sa décision est rendue séance tenante.

S'il existe des délits connexes, les articles 226 et 227 du Code d'instruction criminelle seront appliqués.

La Chambre pourra ordonner, s'il y échet, des informations nouvelles.

Son arrêt ne sera pas sujet à un pourvoi en cassation.

ART. 679

Si la Chambre d'accusation n'aperçoit aucun fait punissable, ou si elle ne trouve pas des indices de culpabilité suffisants, elle renvoie le prévenu.

Si la Chambre d'accusation ne voit dans les faits soumis à son examen qu'un délit ou une contravention, elle renvoie le prévenu soit devant le tribunal correctionnel, soit devant le tribunal de simple police et, s'il était détenu, ordonne sa mise en liberté immédiate.

Si le fait est qualifié crime par la loi et que la Chambre d'accusation trouve des charges suffisantes pour motiver la mise en accusation, elle ordonne le renvoi du prévenu devant la Cour criminelle. Dans tous les cas, et quelle que soit l'ordonnance du juge d'instruction, elle statue, à l'égard de chacun des prévenus renvoyés devant elle, sur tous les chefs de crimes, de délits et de contraventions résultant de la procédure.

Art. 680

En cas de renvoi devant la Cour criminelle, la Chambre d'accusation pourra toujours accorder au prévenu la liberté provisoire, si elle ne lui a été accordée précédemment.

Art. 681

L'arrêt de la Chambre d'accusation sera signé par le président, les juges et le greffier ; en cas de renvoi devant la cour criminelle ; il énoncera, 1° la nature du crime qui forme la base de l'accusation ; 2° le fait et toutes les circonstances qui peuvent aggraver ou diminuer la peine. Le prévenu y sera nommé et clairement désigné. Cet arrêt formera l'acte d'accusation. Copie en sera adressée par le greffier par lettre recommandée au prévenu, à la partie civile et au procureur de la République dans les vingt-quatre heures.

Art. 682

Tout prévenu à l'égard duquel la Chambre d'accusation aura décidé qu'il n'y a pas lieu au renvoi devant la Cour criminelle, ne pourra plus y être traduit à raison du même fait, à moins qu'il ne survienne de nouvelles charges, telles que les définit l'article 247 du Code d'instruction criminelle.

En ce cas une nouvelle instruction est ouverte sur la réquisition du procureur de la République.

Art. 683

Dans les quarante-huit heures de l'arrêt de renvoi, le dossier et toutes les pièces à conviction seront déposés au greffe de la Cour criminelle.

Le président de la Cour criminelle en sera aussitôt avisé par le greffier par lettre recommandée. Dans les cinq jours qui suivront la réception de cette lettre, il rendra une ordonnance fixant la date de l'audience et nommant un juge rapporteur.

La même ordonnance fixera le temps pendant lequel le dossier et les pièces seront à la disposition du juge rapporteur, du procureur de la République, du prévenu et de la partie civile. Ce temps devra être égal pour les magistrats et les parties. Il ne sera pas moindre de huit jours pour chacun. De plus le juge rapporteur, le procureur de la République et chacune des parties auront, immédiatement avant le jour de l'audience, un deuxième délai de quarante-huit heures pour chacune, pour prendre communication du dossier et des pièces. Enfin le président de la Cour se réservera à lui-même le temps qu'il jugera nécessaire pour étudier le dossier. Si l'accusé est détenu, les délais ci-dessus pourront être abrégés, sur sa demande.

Les magistrats sus-désignés pourront, pendant les jours qui leur seront réservés, se faire remettre le dossier à leur cabinet ou à leur domicile.

Le reste du temps il restera au greffe à la disposition des parties et de leur défenseur qui pourront faire copier et photographier les pièces utiles à leur cause, le tout sous la surveillance et la responsabilité du greffier.

Art. 684

Dans les quarante-huit heures de l'ordonnance du Président, copie en sera transmise par le greffier au juge rapporteur, au procureur de la République et aux parties, avec convocation à l'audience fixée.

Art. 685

La Cour criminelle, composée normalement de sept membres, pourra siéger avec un minimum de cinq ayant voix délibérative. Elle sera présidée par le premier président ou en cas d'empêchement, par des présidents désignés par lui.

Ni les magistrats ayant siégé à la Chambre d'accusation, ni les juges ayant instruit ne pourront en faire partie dans l'affaire dont ils auront connu.

Le procureur de la République ou, en cas d'empêchement, un de ses substituts, y fera fonction de ministère public. Il ne pourra, à peine de nullité, apporter à la Cour aucune accusation en dehors de celles portées à l'arrêt de la Chambre d'accusation.

Art. 686

Le président devra conduire les débats sans manifester son opinion sous quelque forme que ce soit. Il est investi d'un pouvoir discrétionnaire en vertu duquel il pourra prendre sur lui tout ce qu'il croira utile pour découvrir la vérité, conformément aux articles 268, 269 et 270 du Code d'instruction criminelle qui restent en vigueur.

ART. 687

Le procureur de la République requerra l'application de la peine ; il fera en outre toutes réquisitions qu'il jugera utiles. La cour sera tenue de lui en donner acte et d'en délibérer. En cas de rejet de ses réquisitions, comme des conclusions des parties, il sera passé outre, sauf après l'arrêt, s'il y a lieu, le recours en cassation par la partie intéressée.

ART. 688

La Cour criminelle saisie de l'accusation sera celle du département où l'instruction aura été faite et la mise en accusation prononcée.

Cependant si les circonstances le comportent, la Cour de cassation pourra, sur la demande du ministre de la Justice ou de l'accusé, désigner une autre cour criminelle. Cette demande devra être formée, de la part de l'accusé, dans les huit jours de la notification de l'arrêt de la Chambre d'accusation, et de la part du ministre avant l'audience.

ART. 689

Si l'accusé est détenu, le président se transportera à la maison d'arrêt et l'interpellera de déclarer le choix qu'il aura fait d'un conseil pour l'aider dans sa défense ; sinon le président, par ordonnance, lui en désignera un sur-le-champ, à peine de nullité. Cette désignation sera non avenue et la nullité ne sera pas prononcée si, ultérieurement, l'accusé choisit un conseil. L'exécution du présent article sera constatée par un procès-verbal signé du président et du greffier.

Le conseil de l'accusé communiquera librement avec lui et l'assistera dans toutes les formalités de la procédure.

Les articles 307 et 308 du Code d'instruction criminelle restent en vigueur.

Art. 690

L'accusé comparaîtra libre, et seulement accompagné, s'il est détenu, de gardes pour l'empêcher de s'évader. Le président lui demandera son nom, ses prénoms, son âge, sa profession, sa demeure et le lieu de sa naissance.

Lecture sera donnée par le greffier de l'arrêt de la Chambre d'accusation.

Le juge rapporteur exposera l'affaire et donnera lecture des pièces de l'instruction.

Les pièces pouvant servir à conviction ou à décharge seront représentées à toutes les parties.

Le président interrogera l'accusé sur tous les faits invoqués par l'accusation.

Le greffier donnera ensuite lecture de la liste des témoins qui devront être entendus à la requête du ministère public, de l'accusé et de la partie civile. Cette liste ne pourra contenir que les témoins dont les noms, profession et résidence auront été déposés au greffe dix jours au moins avant l'audience par le procureur de la République, neuf jours au moins par la partie civile et huit jours au moins par l'accusé, et dont toutes les parties auront pu prendre connaissance, sauf cependant le pouvoir discrétionnaire du président qui pourra ordonner soit avant l'audience, soit au cours des débats, que de nouveaux témoins soient convoqués sans délai.

Les témoins du ministère public et des parties seront convoqués dans les formes et délais prescrits par l'article 588. Les articles 589 et 590 seront applicables.

Les témoins seront entendus conformément à l'article 594.

Art. 691

S'il existe des divergences sensibles entre la déposition orale d'un témoin et ses précédentes dépositions signées, le président lui fera observer la contradiction qui en résulte et l'invitera de nouveau à ne pas s'écarter de la vérité, en lui faisant connaître les pénalités réservées aux faux témoignages.

Si le témoin persiste dans sa déposition orale et si le procureur de la République voit dans ses contradictions une présomption grave de faux témoignage, il peut en requérir acte et provoquer ultérieurement l'ouverture d'une instruction, sans interruption des débats.

Art. 692

L'article 665 est applicable en matière criminelle.

S'il se commet un crime dans l'enceinte et pendant la durée de l'audience, la Cour dresse procès-verbal, commet un juge d'instruction et surseoit à statuer.

Les articles 326, 332, 333, 334 et 335 du Code d'instruction criminelle resteront en vigueur, ainsi que les articles 10 et 11 du Code de procédure civile.

Art. 693

La Cour se retirera pour délibérer et rentrera en séance aussitôt après pour rendre son arrêt.

Si l'accusé détenu est acquitté, il sera immédiatement mis en liberté.

Art. 694

Si l'accusé n'est convaincu que d'un délit correctionnel, la Cour prononcera la peine.

En cas de condamnation pour crime ou délit, elle statuera sur les dommages-intérêts.

L'article 668 sera applicable.

Art. 695

Si, au cours des débats, il surgit des présomptions de culpabilité contre l'accusé pour un fait non visé à l'arrêt d'accusation, acte en sera demandé par le ministère public qui pourra ouvrir une instruction nouvelle.

Cependant, si l'accusé est condamné pour crime, par un arrêt non cassé ultérieurement, et que le fait révélé ne soit qu'un délit, l'instruction ne sera pas ouverte.

Toute personne acquittée légalement ne pourra plus être reprise ni accusée à raison du même fait.

Art. 696

Dans le cas où un particulier voudra user du droit résultant de l'article 624 en introduisant directement une poursuite devant la cour criminelle, l'article 651 sera applicable, ainsi que, s'il y a lieu, la deuxième paragraphe de l'article 601;

L'action directe sera introduite par le dépôt, au greffe de la Cour criminelle, d'un mémoire exposant et motivant la plainte et indiquant les témoins que le plaignant désire faire entendre.

Art. 697

Copie de ce mémoire sera envoyée dans les quarante-huit heures au prévenu et au président de la Cour criminelle, et il sera procédé conformément aux articles 683 et suivants.

Art. 698

Aucune condamnation ne pourra être prononcée par la Cour criminelle sur une poursuite directe : si elle ne voit aucune présomption de culpabilité contre le prévenu, elle le renverra ; si elle trouve des présomptions suffisantes, elle ordonnera l'ouverture d'une instruction criminelle ou correctionnelle et commettra le juge instructeur.

Art. 699

Le droit de récusation résultant de l'article 605 pourra être exercé en matière criminelle. Dans ce cas, le premier président de la Cour de cassation statuera sur la demande ainsi formée, et s'il y a lieu désignera une nouvelle Cour criminelle.

Art. 700

Toutes les parties intéressées pourront se pourvoir en cassation, pour violation ou fausse interprétation de la loi, contre les arrêts de la Cour criminelle.

Le pourvoi en cassation sera formé au greffe de la Cour criminelle dans le délai de huit jours pour les arrêts contradictoires et dans un delai d'un mois pour les arrêts par défaut. La déclaration de pourvoi sera signée par l'intéressé et par le greffier.

Le pourvoi sera suspensif.

Art. 701

Dans les quarante-huit heures du pourvoi en Cassation, le greffier de la Cour criminelle transmet au greffier de la Cour de cassation copie de l'arrêt dont la cassation est demandée, ainsi que toutes les pièces du dossier.

Le greffier de la Cour de cassation en avise aussitôt le président de la Chambre criminelle qui, dans les quarante-huit heures, désigne un conseiller rapporteur, à qui le dossier est immédiatement remis, et fixe l'audience où la cause sera examinée.

Art. 702

Dans les quarante-huit heures qui suivent, les parties en sont informées et invitées à déposer dans le délai de quinzaine, au greffe de la Cour, un mémoire contenant l'exposé de leurs moyens. Ce mémoire est transmis au conseiller rapporteur.

Le ministère public ne dépose aucun mémoire; il prend communication du dossier à une date fixée d'accord avec le président et le conseiller rapporteur.

Art. 703

L'article 616 est applicable sauf les mots : « devant un nouveau tribunal » qui seront remplacés par ceux-ci : « devant une nouvelle Cour criminelle ».

L'article 617 est également applicable.

Section VIII

Des demandes en revision

Art. 704

La revision des jugements et arrêts portant condamnation correctionnelle et criminelle pourra être demandée et sera suivie conformément aux articles 443, 444, 445, 446, 447 du Code d'instruction criminelle. Seul le dernier paragraphe de l'article 445 est abrogé.

Section IX

Des réparations civiles pour les poursuites injustement intentées

Art. 705

Toute personne injustement poursuivie devant les tribunaux répressifs, a droit à une indemnité en réparation du préjudice matériel et moral qui lui a été causé.

Le fait d'être l'objet de poursuites entraîne toujours un préjudice moral, alors même qu'aucun préjudice matériel ne serait constaté. Le préjudice moral est aggravé s'il y a eu emprisonnement préventif.

Il y a poursuites lorsqu'une instruction est ouverte.

ART. 706

La réparation du préjudice incombe à l'auteur de la plainte qui a provoqué l'ouverture d'une instruction, close par une ordonnance de non-lieu, ou à l'auteur d'une action directe, ou au magistrat qui a pris part aux poursuites si, dans l'exercice de ses fonctions, il a commis un crime, un délit ou une faute grave, ou enfin à la nation dans les autres cas.

Lorsqu'il y a des responsabilités personnelles engagées, le troisième paragraphe de l'article 566 est appliqué.

ART. 707

L'action en réparation du préjudice pour les poursuites injustement intentées doit être introduite dans le délai d'un mois à partir du jour où l'ordonnance de non-lieu ou la sentence d'acquittement est devenue définitive.

Elle est formée par le dépôt, au greffe du tribunal où a été ouverte l'instruction, ou de celui qui a été saisi des poursuites, d'un mémoire signé du demandeur, énonçant les faits et fixant la réparation qu'il réclame.

S'il s'agit d'une poursuite en simple police ou en police correctionnelle, ou d'une instruction correctionnelle, la cause est portée devant la Chambre civile du tribunal départemental.

S'il s'agit d'une poursuite ou d'une instruction au criminel, ou si des magistrats sont mis personnellement en cause sous l'imputation d'un crime, d'un délit ou d'une faute grave dans l'exercice de leurs fonctions, elle est portée devant la Chambre civile de la Cour de cassation.

ART. 708

Des copies du mémoire introductif sont adressées dans les quarante-huit heures aux magistrats mis personnellement en cause, ou aux auteurs des plaintes ou poursuites directes, et au président de la Chambre compétente. Si aucun magistrat n'est mis en cause et si les poursuites n'ont été intentées ni à la suite d'une plainte, ni par action directe, une copie du mémoire est envoyée au préfet du département, comme représentant la nation. Le président de la Chambre compétente rend une ordonnance pour fixer la date de l'audience où la cause sera examinée, et fait convoquer les parties intéressées au moins un mois à l'avance. Il prend toutes les mesures nécessaires pour arriver à déterminer l'étendue du préjudice causé et les circonstances qui ont pu aggraver la responsabilité des personnes mises en cause, telles que : témérité, intention de nuire s'il s'agit de poursuites intentées à la requête de particuliers, crimes, délits, fautes professionnelles graves, s'il s'agit de magistrats.

ART. 709

La cause est examinée et jugée en la forme des appels civils quelle que soit la juridiction qui en est saisie.

Les décisions de la Chambre civile du tribunal départemental sont sujettes à recours en cassation.

Celles de la Chambre civile de la Cour de cassation ne sont sujettes à aucun recours.

Si des crimes ou délits incombant à des magistrats sont constatés, le procureur général près la Cour de cassation en saisit immédiatement la Chambre criminelle ou la Chambre correctionnelle de cette Cour.

Art. 710

En cas de revision d'un procès sans renvoi, la Cour de cassation statue immédiatement sur les réparations civiles dues au condamné.

CHAPITRE IV

De l'Exécution des Jugements

Art. 711

Huit jours au plus tard après qu'une décision judiciaire, civile ou pénale, portant condamnation de la nation ou d'un particulier à des amendes ou des dommages-intérêts, ou fixant le montant de l'indemnité due pour injuste poursuite, est devenue définitive, le greffier en envoie copie au préfet du département du domicile du bénéficiaire, avec un certificat constatant que cette décision a acquis la force de la chose jugée.

Art. 712

Dans la huitaine qui suit, le préfet délivre un mandat du montant de l'indemnité allouée, au titulaire de cette indemnité, qui en touche aussitôt le montant chez le payeur de son domicile.

Art. 713

Lorsqu'il y a lieu de recouvrer des amendes ou d'exercer le recours de la nation contre une personne déclarée responsable, le préfet envoie en même temps au payeur du domicile du débiteur un bon de retenue sur les salaires, secours sociaux, rentes et redevances qu'il peut avoir à toucher.

Si le débiteur ne touche que le minimum du salaire ou des secours, la retenue est du cinquième de ce minimum, dans lequel ne sont jamais comprises les allocations de la femme et des enfants.

Si le débiteur touche plus que le minimum, la retenue porte en outre sur la moitié du surplus.

Les retenues sont opérées chaque mois jusqu'à libération complète.

ART. 714

Lorsque le débiteur sera un cultivateur associé de grande culture ou un membre d'une association de pêcheurs, le bon de retenue du préfet sera notifié par le payeur au directeur de l'association, avec invitation à effectuer la retenue sur la part de l'intéressé. En cas de non exécution de cette injonction, le payeur fera son rapport au préfet qui adressera une mise en demeure au directeur de l'association, en lui faisant défense de vendre ses récoltes à des particuliers ou à un magasin national autre que celui qui lui sera désigné comme étant le plus rapproché de son exploitation. En même temps, le bon de retenue sera notifié au directeur de ce magasin national, qui retiendra le montant intégral des ventes de l'association jusqu'à concurrence des sommes dues à la nation.

Si, au mépris de la défense à elle faite, l'association vend ses récoltes soit à des particuliers, soit à d'autres magasins nationaux, et ne se libère pas envers la nation, le préfet, par arrêté motivé, dissoudra l'association et reprendra au nom de la nation les moyens de production qui lui avaient été confiés.

Art. 715

Si le débiteur est un cultivateur possesseur de lot ou un pêcheur isolé, possesseur d'une barque nationale, et s'il ne se libère pas volontairement par l'abandon d'une partie du prix de ses récoltes, sur l'avis qu'il aura reçu du payeur, le préfet, sur le rapport de ce dernier, procédera comme il est dit à l'article précédent.

Art. 716

Si le débiteur ne rentre dans aucune des catégories ci-dessus visées, le préfet, sur le rapport du payeur, l'invitera à se libérer par acomptes en rapport avec les ressources qu'on lui suppose. En cas de refus le préfet, quinze jours après une sommation itérative, prendra un arrêté de saisie conformément à l'article 566.

Les objets dont la saisie sera ordonnée seront aussitôt transportés au magasin national le plus proche par les soins du directeur de ce magasin, assisté au besoin de la force publique, inventoriés et estimés sur-le-champ, soit d'accord entre la partie saisie et le directeur, soit par un tiers expert nommé par le juge de paix, et conservés par le magasin national à valoir sur la créance de la nation.

Si l'évaluation est supérieure à cette créance, le surplus sera versé à la partie saisie, à moins qu'elle ne préfère reprendre en nature certains objets de son choix.

Les objets de première nécessité ne seront jamais compris dans la saisie.

ART. 717

En cas de condamnation à une peine corporelle, s'il y a eu emprisonnement préventif, la durée de cet emprisonnement sera déduite.

ART. 718

En dehors des cas qui ont rendu nécessaire l'emprisonnement préventif et le maintien sous les verrous d'un prévenu, nul ne peut être contraint par la force à subir une peine corporelle à laquelle il a été condamné. Tout condamné qui, s'étant trouvé dans le cas où son arrestation préventive était possible, s'est dissimulé ou enfui à l'étranger pour l'éviter sera, s'il est rencontré sur le territoire français, immédiatement arrêté et subira sa peine.

ART. 719

Toute condamnation corporelle devenue définitive est notifiée au condamné par les soins du procureur de la République, avec invitation à la purger dans un délai qui lui est imparti. Si le condamné est introuvable, il est procédé conformément aux dispositions de l'article 582.

Le condamné peut solliciter un sursis qui lui sera toujours accordé, sans pouvoir excéder une durée de trois mois.

Quiconque, à l'expiration du délai imparti ou du sursis obtenu ne se sera pas constitué prisonnier sera, sur les diligences du procureur de la République, traduit devant la cour criminelle par convocation à quinze jours francs au moins et en la forme ordinaire.

S'il ne comparaît pas ou déclare refuser d'obéir à la loi, la cour le déclare déchu de la qualité de Français.

Art. 720

Quiconque, ayant été privé de la qualité de Français, est de nouveau condamné à une peine corporelle, doit purger les deux peines à la fois.

S'il s'y refuse, il est banni du territoire français, par décision de la Cour criminelle rendue dans les formes prescrites à l'article précédent, et immédiatement expulsé.

S'il pénètre de nouveau sur le territoire français, il est arrêté et subit les peines corporelles prononcées contre lui. Après quoi, il est reconduit hors des frontières.

CHAPITRE V

Dispositions diverses

Section I

Du faux

Art. 721

Les dispositions du Code d'instruction criminelle relatives à la procédure du faux sont conservées en ce qu'elles n'ont rien de contraire à la présente loi.

Section II

Des crimes et délits commis par des militaires en activité

Art. 722

Les crimes et délits commis par des militaires en activité, en dehors de l'exercice de leurs fonctions et contre des personnes civiles ou des militaires non en activité, seront déférés à la justice civile.

Section III

De la prescription

Art. 723

Les instances en simple police se prescrivent par trois mois, les instances civiles et correctionnelles par un an et les instances criminelles par trois ans.

Section IV

Du casier judiciaire, de la réhabilitation, du sursis, de la libération conditionnelle

Art. 724

Les lois actuelles, concernant le casier judiciaire, la réhabilitation, le sursis et la libération conditionnelle, restent en vigueur en ce qu'elles n'ont rien de contraire aux dispositions de la présente loi.

SECTION V

De l'extradition

ART. 725

Il n'est fait aucune recherche à l'étranger contre les personnes qui s'y réfugient pour éviter une arrestation préventive dont elles sont menacées.

De même la France ne recherche ni ne laisse rechercher aucun étranger réfugié sur son territoire pour quelque cause que ce soit et n'autorise pas l'arrestation par les polices étrangères de ceux de leurs nationaux qui peuvent y être rencontrés.

Tous traités et conventions contraires à la présente disposition sont abrogés.

TITRE XIII

LOI PÉNALE

CHAPITRE PREMIER

Des Peines

ART. 726

Les peines sont :

La réprimande simple;

La réprimande publique ;

L'amende;

La confiscation ;
L'emprisonnement ;
L'interdiction à temps de certains droits civiques ;
La relégation ;
La dégradation civique ;
Les travaux forcés ;
Le bannissement.

Art. 727

La réprimande simple résulte du jugement qui en porte condamnation.

La réprimande publique consiste en l'affichage du jugement à la porte de la mairie du domicile du condamné dans un cadre spécial, et en son insertion dans un journal du département.

Art. 728

Pour l'application de l'amende, le juge doit tenir compte non seulement de la gravité du fait, mais en outre de la situation pécuniaire du condamné.

Art. 729

La confiscation s'applique, soit au corps du délit, quand la propriété en appartient au condamné, soit aux choses qui ont été produites par le délit, soit à celles qui ont servi, ou qui ont été destinées à le commettre.

Art. 730

L'emprisonnement de moins de quinze jours est subi dans des maisons d'arrêt.

L'emprisonnement de quinze jours à trois mois est subi dans des pénitenciers agricoles, sur le territoire de la France continentale.

L'emprisonnement de trois mois à trois ans est subi dans des pénitenciers agricoles, en Corse.

L'emprisonnement de trois ans à dix ans est subi dans des pénitenciers agricoles, en Nouvelle-Calédonie.

Lorsqu'une condamnation de moins de trois ans est prononcée dans une colonie, elle est subie sur place.

Art. 731

Dans les maisons d'arrêt, les détenus qui veulent travailler sont occupés à des travaux de jardinage peu pénibles. Les autres sont enfermés dans des cellules où des livres, des plumes, de l'encre et du papier sont mis à leur disposition.

Le médecin de la maison visite chaque détenu à son arrivée et fixe le nombre d'heures pendant lesquelles il peut travailler. Au besoin il peut interdire les travaux qu'il juge trop fatigants. Il y a une visite du médecin tous les jours.

Art. 732

Dans les pénitenciers de France, de Corse et de Nouvelle-Calédonie, les détenus sont employés à des travaux agricoles. Sur leur demande ils peuvent être enfermés en cellule pour toute la durée de leur peine, ou temporairement pour un mois au moins. Ils sont alors dispensés du travail. Des livres, des plumes, de l'encre et du papier sont mis à la disposition des détenus cellulaires.

La durée du travail est déterminée par le règlement intérieur selon la saison, le climat et la nature du travail. Elle ne peut excéder huit heures par jour. Le travail n'est pas rémunéré.

Tout nouveau détenu passe la visite du médecin qui décide s'il peut travailler normalement ou si son travail doit être atténué. Il y a une visite du médecin tous les jours.

La nourriture, prise en commun, est simple, mais variée et suffisante pour l'entretien des forces. Les boissons alcooliques en sont exclues. Des rations plus fortes sont allouées aux détenus reconnus avoir des besoins plus grands.

Il y a chaque jour une lecture en commun d'une heure au moins, deux cours d'enseignement en commun d'une heure chacun et deux récréations en commun d'une heure chacune. Les détenus cellulaires participent aux repas, aux lectures, aux cours et aux récréations en commun.

Il y a un instituteur au moins dans chaque établissement. Il se fait assister pour ses cours par les détenus les plus capables.

La lecture du dimanche consiste en celle d'un *Bulletin hebdomadaire* rédigé spécialement pour les établissements pénitentiaires et résumant, sans commentaires, les nouvelles les plus intéressantes de la semaine.

En cas d'indiscipline, un détenu peut être mis au cachot, au pain et à l'eau et sans communications avec ses codétenus. Dans ce cas, le directeur de l'établissement rend compte immédiatement à son chef hiérarchique du fait qui a motivé la punition, dont la durée peut être diminuée ou augmentée par l'autorité supérieure.

Art. 733

La peine des travaux forcés, dont le minimum est de trois ans, est subie dans des pénitenciers spéciaux, à la Nouvelle-Calédonie ou dans les îles environnantes. Elle n'est pas applicable aux mineurs, aux femmes et aux vieillards âgés de plus de soixante ans

Les condamnés y sont employés aux travaux d'utilité publique les plus pénibles. La durée maximum du travail est de dix heures par jour. Le travail n'est pas rémunéré. Les heures du travail sont déterminées par le règlement intérieur, selon les saisons et la nature du travail.

Les paragraphes 3, 4, 5, 6, 7 et 8 de l'article 732 sont applicables aux pénitenciers de travaux forcés.

Art. 734

Les peines d'emprisonnement et des travaux forcés ne peuvent dépasser dix années.

Toute condamnation aux travaux forcés peut être accompagnée d'une condamnation d'emprisonnement d'égale durée.

Toute condamnation à trois ans au moins d'emprisonnement entraîne de droit la relégation.

Art. 735

La relégation est l'obligation de résider en liberté en Nouvelle-Calédonie.

Les relégués ont droit au travail; ils reçoivent le salaire d'un journalier de troisième classe. Des lots de culture peuvent être accordés aux relégués qui auront mérité cette récompense par leur travail et leur bonne conduite.

ART. 736

La relégation n'a pas de durée limitée. Elle ne peut, sauf le cas de grâce personnelle accordée par le Président de la République, être moindre que la peine d'emprisonnement qui l'a précédée. Les relégués ne sont ensuite autorisés à rentrer en France, que si leur conduite a été irréprochable et s'ils paraissent s'être amendés. De retour en France, ils sont placés sous la surveillance de la police.

ART. 737

La peine du bannissement consiste en l'interdiction de résider en France et dans les colonies françaises pendant vingt ans au plus.

Tout banni rentré en France subit un emprisonnement d'une durée égale à celle du bannissement qu'il avait encore à subir.

Dans les cas où le bannissement paraîtrait une peine trop rigoureuse, il peut être remplacé soit par l'interdiction de séjour sur le territoire de la France continentale, de la Corse, de l'Algérie et de la Tunisie, soit même par la résidence forcée en une commune de France, de Corse, d'Algérie et de Tunisie.

ART. 738

La condamnation aux travaux forcés, ou à l'emprisonnement avec relégation, emporte la dégradation civique.

La dégradation civique consiste : 1° dans la privation du droit de vote, d'élection, d'éligibilité et en général de tous les droits civiques et politiques ; 2° dans la destitution et l'exclusion des condamnés de toute fonction ou emploi, sous réserve de son droit au travail comme journelier, ouvrier ou employé.

La condamnation à l'emprisonnement ou au bannissement suspend pour toute sa durée les droits politiques du condamné. Le jugement de condamnation peut en outre suspendre ces droits pour une plus longue durée.

ART. 739

Il existe dans chaque département, au siège de la cour criminelle, une prison de courtes peines. Un quartier séparé y est assigné aux détenus préventifs pour crime qui y sont soumis au régime cellulaire.

ART. 740

Il est créé, en France, en Corse et en Nouvelle-Calédonie, autant de pénitenciers agricoles que les besoins l'exigent, dans les régions où l'agriculture est la plus arriérée et où des efforts exceptionnels sont nécessaires pour mettre le sol en bon état de rapport. Les condamnés y sont employés aux travaux de voirie, de drainage, d'irrigation, de défrichement, de reboisement, d'aménagement des cours d'eau et tous autres travaux d'amélioration, sans préjudice de ceux de culture courante.

ART. 741

La peine de l'emprisonnement prononcée contre les femmes ne peut être de plus de dix ans. Si elle est de trois ans au moins, elle est subie en Nouvelle-Calédonie et suivie de la relégation.

Il est créé en Nouvelle-Calédonie des péniten ciers spéciaux pour femmes. Elles y sont astreintes à des travaux de couture, de lingerie, d'intérieur et de jardinage pendant huit heures par jour au maximum, coupés toutes les deux heures par des repos d'une demi heure.

Le surplus de l'article 732 est applicable à ces établissements.

Après que la condamnée a subi le quart de sa peine d'emprisonnement, si sa conduite a été irréprochable et si elle est demandée en mariage par un relégué, elle peut être autorisée à vivre avec lui, sauf à réintégrer le pénitencier si elle y est condamnée par la Cour criminelle pour mauvaise conduite persistante.

Art. 742

La femme condamnée à moins de trois ans d'emprisonnement subit sa peine dans un pénitencier spécial, en France ou dans la colonie où elle est condamnée.

Dans ces établissements, le régime du travail est le même que celui déterminé par le paragraphe 2 de l'article 741. Le surplus de l'article 732 leur est applicable.

Art. 743

Quelle que soit la durée de la condamnation à l'emprisonnement dont ils ont été l'objet, les mineurs des deux sexes subissent leur peine soit en France, soit en Corse, soit dans les colonies où la condamnation a été prononcée. Lorsqu'ils sont condamnés en outre à la relégation, ils ne sont transportés en Nouvelle-Calédonie qu'à l'expiration de leur peine.

Tant qu'ils n'ont pas atteint vingt et un ans, le travail qui leur est imposé est proportionné à leurs forces.

Art. 744

Les vieillards âgés d'au moins soixante ans au moment de leur condamnation subissent leur peine soit en France, soit en Corse, soit dans les colonies où la condamnation a été prononcée. Lorsqu'ils sont condamnés en outre à la relégation, ils subissent leur peine en Corse.

Le travail qui leur est imposé est proportionné à leurs forces.

Art. 745

Les condamnés aux travaux forcés ou à un emprisonnement de plus de trois ans, reconnus d'une constitution très faible, ne sont pas transportés en Nouvelle-Calédonie ; ils subissent leur peine en Corse et ne sont astreints qu'à un travail atténué.

Tout condamné en bonne santé au moment de sa transportation en Nouvelle-Calédonie, mais qui, postérieurement, serait reconnu incapable d'en supporter le climat, serait renvoyé en Corse pour finir d'y subir sa peine.

Art. 746

Le repos hebdomadaire et celui des fêtes légales sera appliqué à tous les établissements pénitentiaires.

CHAPITRE II

Des Infractions punissables

SECTION I

Des Contraventions

ART. 747

L'infraction que la loi punit de peines de police est une contravention. Les contraventions sont divisées en deux classes.

ART. 748

Le Conseil d'Etat est chargé de dresser la liste des contraventions de chaque classe, en se basant sur les dispositions non abrogées de l'ancien Code pénal, des lois, arrêtés et règlements divers, ainsi que sur les dispositions de la présente loi qui créent des contraventions nouvelles.

Jusqu'à ce que cette liste soit établie, les juges de police apprécieront le caractère contraventionnel des faits qui leur seront déférés, la classe dans laquelle ils rentrent et appliqueront, quand il y aura lieu, les sanctions édictées par la présente loi.

SECTION II

Des délits en général

ART. 749

L'infraction que la loi punit de peines correctionnelles est un délit.

Les délits, d'après leur caractère, sont dits politiques ou de droit commun.

Les délits politiques sont divisés en deux classes.

Les délits de droit commun également.

SECTION III

Des délits politiques de première classe

ART. 750

Sont considérés comme constituant des délits politiques de première classe les faits suivants :

1° Les faits prévus par les articles 112 et 113 du Code pénal ;

2° Les faits prévus par l'article 123 du Code pénal ;

3° Les faits prévus par les articles 129 et 131 du Code pénal ;

4° La violence illégitime définie par l'article 186 du Code pénal, si elle n'a pas été accompagnée de coups et blessures ;

5° Les irrégularités graves dans la tenue des actes de l'état civil ;

6° L'injure publique et la diffamation ;

7° L'exercice de l'autorité publique illégalement prolongé, défini par l'article 197 du Code pénal ;

8° Les faits prévus par les articles 31, 32, 33, 34 et 35 de la loi du 9-11 décembre 1905 sur la séparation des Eglises et de l'Etat ;

9° La rébellion définie par l'article 209 du Code pénal, si elle a été commise par moins de vingt personnes sans armes ;

10° L'outrage défini par le premier paragraphe

de l'article 222 du Code pénal, ainsi que par les articles 223, 224, 225 ;

11° Les violences ou voies de fait définies par l'article 230 du Code pénal ;

12° Le refus de service prévu par l'article 234 du Code pénal.

13° Le fait de procurer ou faciliter l'évasion d'un détenu politique, condamné à une peine correctionnelle, de la part de personnes non chargées de le garder ou de le conduire

14° Le fait de favoriser par négligence l'évasion d'un détenu politique condamné à une peine correctionnelle, de la part de personnes chargées de le garder ou de le conduire, sous réserve de l'application de l'article 247 du Code pénal.

15° Les faits prévus par les articles 257 et 259 du Code pénal ;

16° Les faits prévus par l'article 25 de la loi du 29 juillet 1881, sur la liberté de la presse, ainsi que par les articles 26, 27, 28, 36 et 37 de la même loi.

17° L'injure publique prévue par l'article 33 de la même loi.

18° La fabrication, le débit ou la distribution d'armes et de munitions prohibées, dans les cas prévus par les articles 1, 2, 3 de la loi du 24 mai 1834.

Section IV

Des délits politiques de deuxième classe

Art. 751

Sont considérés comme constituant des délits politiques de deuxième classe les faits suivants :

1° L'offense commise publiquement envers la personne du Président de la République ;

2° Le complot défini par le paragraphe 3 de l'article 89 du Code pénal, dans le cas prévu par le paragraphe 2 de cet article ;

3° Les faits prévus par l'article 109 du Code pénal ;

4° Les faits prévus par l'article 111 du Code pénal ;

5° Les faits prévus par l'article 114 du Code pénal ;

6° Les faits prévus par les articles 119, 120, 121 et 122 du Code pénal ;

7° Les faits prévus par l'article 126 du Code pénal ;

8° Les faits prévus par les articles 127 et 128 du Code pénal ;

9° Les faits prévus par l'article 130 du Code pénal ;

10° La rébellion définie par l'article 209 du Code pénal, si elle a été commise par plus de vingt personnes sans armes ou par moins de vingt personnes armées ;

11° L'outrage défini par le paragraphe deuxième de l'article 222 du Code pénal ;

12° Les violences ou voies de fait prévues par l'article 228 du Code pénal ;

13° Le fait de procurer ou faciliter sciemment l'évasion d'un détenu politique condamné à une peine correctionnelle, de la part de personnes chargées de le garder ou de le conduire ;

14° Le fait de favoriser par négligence l'évasion d'un détenu politique, prévenu d'un crime ou condamné pour crime, de la part de personnes non chargées de le garder ou de le conduire, sous réserve de l'application de l'article 247 du Code pénal ;

15° Les faits prévus par l'article 258 du Code pénal ;

16° Les faits prévus par le paragraphe 1er de l'article 24 de la loi du 29 juillet 1881, sur la liberté de la presse ;

17° La diffamation prévue par les articles 30, 31, 32 et 34 de la même loi, sous réserve du droit de faire la preuve du fait diffamatoire dans les cas prévus par l'article 35.

Section V

Des délits de droit commun de première classe

Art. 752

Sont considérés comme constituant des délits de droit commun de première classe les faits dont l'énumération suit :

1° La participation à l'émission de monnaies divisionnaires contrefaites ou altérées ou à leur introduction sur le territoire français ;

2° Les faits prévus par l'article 134 du Code pénal ;

3° Le faux prévu à l'article 753 sous le n° 4, lorsqu'il n'a pas eu pour but ni pour effet d'assurer à son auteur ou à un complice un avantage matériel illicite ;

4° L'usage frauduleux de la pièce fausse ;

5° La tromperie sur le poids, sur la quantité ou sur le prix d'objets livrés à la consommation, dans le but de s'assurer ou d'assurer à un complice un avantage matériel illicite ;

6° La tromperie sur la qualité des mêmes objets

dans le même but, si elle ne devait pas avoir pour effet de nuire à la santé des consommateurs;

7° L'altération par simple négligence de la qualité d'objets de consommation, si elle a eu pour effet de nuire à la santé des consommateurs;

8° La perception frauduleuse par un agent de la nation, d'une somme plus forte que celle qu'il était autorisé à percevoir, ou d'une rétribution pour un service qu'il était tenu de faire gratuitement;

9° La corruption, définie par les articles 177 et 179 du Code pénal, avec application de l'article 180 du même Code quand il y aura lieu;

10° La contrainte définie par l'article 179 du Code pénal;

11° La tentative de corruption et de contrainte définie par le même article;

12° La violation de domicile, dans le cas du deuxième paragraphe de l'article 184 du Code pénal;

13° Le déni de justice prévu par l'article 185 du Code pénal;

14° La suppression ou l'ouverture de lettres confiées à la poste, commise ou facilitée par un agent de cette administration.

15° Les faits visés par les nos 13 et 14 de l'article 750, lorsqu'il s'agit de condamnés de droit commun.

16° Les bris de scellés et les soustractions de pièces dans les dépôts publics, de la part des personnes qui n'en ont pas la garde.

17° Les menaces prévues par les articles 306, 307 et 308 du Code pénal.

18° Les faits prévus par l'article 311 du Code pénal, dans le cas du premier paragraphe de cet article.

19° Les coups et blessures involontaires définios par l'article 320 du Code pénal.

20° L'outrage public à la pudeur défini par l'article 330 du Code pénal.

21° L'excitation à la débauche prévue par l'article 334 du Code pénal paragraphe 1er

22° La bigamie, lorsque l'époux qui s'en sera rendu coupable aura laissé ignorer sa situation à l'époux avec qui il contractait un nouveau mariage.

23° L'arrestation, détention ou séquestration illégales prévues par l'article 341 du Code pénal dans le cas de l'article 341 du même Code.

24° L'enlèvement, le recel, la suppression d'un enfant, ou la substitution d'un enfant à un autre s'il est établi que l'enfant n'a pas vécu.

25° L'exposition ou délaissement d'un enfant au-dessous de sept ans, ou le fait d'en avoir donné l'ordre s'il a été exécuté.

26° L'inhumation illégale, le recel de cadavres et la violation de sépultures prévus par les articles 358, 359 et 360 du Code pénal.

27° Le faux témoignage et la subornation de témoins, en matière correctionnelle, civile et de police, dans les circonstances prévues par les articles 362, 363 et 365 du Code pénal.

28° La dénonciation calomnieuse.

29° La révélation de secrets prévue par l'article 378 du Code pénal.

30° Le vol, défini par l'article 379 du Code pénal, dans les circonstances autres que celles prévues par les articles 381, 382, 383, 384, 385 et 386 du même Code.

31° L'extorsion de fonds par menaces d'imputations diffamatoires ou de révélations, ainsi que la tentative d'extorsion.

32° L'escroquerie et la tentative d'escroquerie,

lorsqu'elle aura eu pour moyen l'usage de faux noms ou de fausses qualités, ou l'emploi de manœuvres frauduleuses pour persuader l'existence d'un pouvoir imaginaire ou faire naître l'espérance ou la crainte d'un événement chimérique, et pour objet la remise de fonds ou valeurs mobilières.

33° Le détournement de fonds et valeurs mobilières confiées à titre de dépôt, ou de mandat, dans les cas où la loi reconnaît la valeur de l'engagement de restituer.

34° Le fait de tenir une maison de jeux de hasard, d'y être employé et le fait d'établir des loteries.

35° La contrefaçon littéraire et artistique, définie par les articles 425, 426 et 428 du Code pénal.

36° La destruction et détérioration d'objets d'utilité, la dévastation de récoltes sur pied et de plants, l'abatage d'arbres non autorisé ou leur mutilation de manière à les faire périr.

37° La communication laissée aux animaux infectés de maladie contagieuse avec d'autres animaux, lorsque la contagion en est résultée.

Section VI

Des délits de droit commun de deuxième classe

Art. 753

Sont considérés comme constituant des délits de droit commun de deuxième classe les faits suivants :

1° La contrefaçon des monnaies divisionnaires.

2° La participation à l'émission des billets du Trésor contrefaits, des monnaies d'or contrefaites ou altérées, ou à leur introduction sur le territoire français.

3° Les faits prévus par l'article 133 du Code pénal.

4° Le faux commis par l'un des moyens indiqués au Code pénal, soit dans les sceaux, poinçons, timbres et marques de la nation, soit dans les écritures, certificats et tous autres documents, lorsqu'il a eu pour but et pour effet d'assurer à son auteur ou à un complice un avantage matériel illicite.

5° L'usage frauduleux de la pièce fausse.

6° Le détournement ou la soustraction de valeurs ou objets quelconques par les personnes à qui ils étaient confiés par la nation.

7° La destruction, suppression, soustraction ou le détournement par un juge ou agent de la nation de titres, actes et pièces à lui confiés;

8° La tromperie sur la qualité d'objets de consommation, dans le but de s'assurer ou d'assurer à un complice un avantage matériel illicite, si elle devait avoir pour effet de nuire à la santé des consommateurs;

9° L'altération par simple négligence de la qualité d'objets de consommation, si elle a entraîné la mort des consommateurs ou mis gravement leur existence en danger;

10° Les faits prévus par l'article 183 du Code pénal;

11° La violation de domicile, dans le cas du premier paragraphe de l'article 184 du Code pénal;

12° Les faits prévus sous les numéros 13 et 14 de l'article 751, lorsqu'il s'agit de prévenus ou condamnés de droit commun;

13° Le fait de recéler ou faire recéler des personnes qu'on savait avoir commis un crime de droit commun — sauf les exceptions prévues au dernier paragraphe de l'article 248 du Code pénal ;

14° Les bris de scellés et les soustractions de pièces dans les dépôts publics, de la part des personnes qui en ont la garde ;

15° Les menaces prévues par les articles 305 et 436 du Code pénal ;

16° Les faits prévus par l'article 311 du Code pénal, dans le cas du deuxième paragraphe de cet article ;

17° Les faits prévus par l'article 311 du Code pénal dans le cas du premier paragraphe de cet article, si la victime est un enfant, une femme, un vieillard, ou les père et mère de l'accusé ;

18° L'homicide involontaire défini par l'article 319 du Code pénal ;

19° L'attentat à la pudeur défini par l'article 331 du Code pénal ;

20° L'excitation à la débauche prévue par le paragraphe 2 de l'article 334 du Code pénal ;

21° L'arrestation, détention ou séquestration illégales prévues par l'article 341 du Code pénal, et le fait d'avoir prêté un lieu pour exécuter la détention ou séquestration ;

22° L'enlèvement, le recel, la suppression d'un enfant, ou la substitution d'un enfant à un autre, s'il n'est pas établi que l'enfant ait vécu ;

23° Le détournement de mineurs, dans les circonstances prévues par les articles 354, 355 et 356 du Code pénal.

24° Le faux témoignage et la subornation de témoins en matière criminelle, et aussi en matière correctionnelle si le prévenu, sur le témoignage faux, a été condamné à plus d'un an d'emprisonnement.

25° Le vol, défini par l'article 379 du Code

pénal, dans les circonstances prévues par l'article 386 du même Code.

26° La communication à des étrangers ou à des Français résidant à l'étranger, dans les conditions prévues par le premier paragraphe de l'article 418 du Code pénal, des secrets de la fabrication française d'armes et munitions de guerre.

27° L'incendie volontaire d'objets d'utilité, dans les cas autres que ceux prévus à l'article 757, sous le numéro 14 et à l'article 758, sous le numéro 7.

28° La destruction volontaire, par explosifs ou tous autres moyens violents, d'objets d'utilité, dans les cas autres que ceux prévus à l'article 757 sous le numéro 15 et à l'article 758, sous le numéro 8.

29° Le pillage ou dégât prévus par l'article 440 du Code pénal.

30° L'empoisonnement, la mise à mort, la mutilation grave des animaux domestiques.

Section VII

Des crimes en général

Art. 754

L'infraction que la loi punit de peines supérieures à trois années d'emprisonnement ou de bannisssement est un crime.

Les crimes, d'après leur caractère, sont dits politiques ou de droit commun.

Les crimes politiques sont divisés en deux classes.

Les crimes de droit commun également.

SECTION VIII

Des crimes politiques de première classe

ART. 755

Sont considérés comme constituant des crimes politiques de première classe les faits suivants :

1° Le fait prévu par l'article 78 du Code pénal.

2° Le fait prévu par l'article 81 § 2 du Code pénal.

3° Les faits prévus par l'article 82 §§ 2 et 3 du Code pénal.

4° Les faits prévus par les articles 84 et 85 du Code pénal.

5° L'attentat contre la personne du président de la République ; l'exécution ou la tentative constitueront seules l'attentat.

6° Le complot défini par le paragraphe 3 de l'article 89 du Code pénal, dans le cas prévu par le paragraphe 1 de cet article.

7° Les faits prévus par l'article 90 du Code pénal.

8° Le complot prévu par l'article 91 du Code pénal.

9° Les faits prévus par l'article 94 § 1 du Code pénal.

10° Les faits prévus par les articles 98 et 99 du Code pénal.

11° Les faits prévus par l'article 110 du Code pénal.

12° Les faits prévus par l'article 115 du Code pénal.

13° Le fait prévu par l'article 118 du Code pénal.

14° Les faits prévus par l'article 124 du Code pénal.

15° La violence illégitime, définie par l'article 186 du Code pénal, si elle a été accompagnée de coups et blessures.

16° L'abus d'autorité défini par les articles 188, 189 et 190 du Code pénal, sans préjudice des dispositions de l'article 191 s'il y a lieu.

17° La rébellion définie par l'article 209 du Code pénal si elle a été commise par plus de vingt personnes armées.

18° Les violences prévues par l'article 231 du Code pénal si la mort n'en est pas résultée.

19° Les violences prévues par l'article 232 du Code pénal.

20° Le fait de procurer ou faciliter sciemment l'évasion d'un détenu politique, prévenu d'un crime ou condamné pour crime, de la part de personnes chargées de le garder ou de le conduire.

Section IX

Des crimes politiques de deuxième classe

Art. 756

Sont considérés comme constituant des crimes politiques de deuxième classe les faits suivants :

1° Le fait prévu par l'article 75 du Code pénal ;

2° Les faits prévus par les articles 76, 77 et 79 du Code pénal ;

3° Les faits prévus par l'article 80 du Code pénal ;

4° Le fait prévu par l'article 81 § 1 du Code pénal ;

5° Les faits prévus par l'article 82 § 1 du Code pénal ;

6° Les faits prévus par l'article 83 du Code pénal ;

7° L'attentat contre la vie du président de la République ;

8° L'attentat dont le but est, soit de détruire ou de changer le gouvernement, soit d'exciter les citoyens ou habitants à s'armer contre l'autorité.

L'exécution ou la tentative constitueront seules l'attentat ;

9° L'attentat prévu par l'article 91 du Code pénal ;

10° Les faits prévus par les articles 92 et 93 du Code pénal ;

11° Les faits prévus par l'article 94 § 2 du Code pénal ;

12° Les faits prévus par les articles 95, 96, 97, du Code pénal ;

13° Les faits prévus par l'article 125 du Code pénal ;

14° La violence illégitime, définie par l'article 186 du Code pénal, si elle a occasionné la mort ;

15° Les violences prévues par l'article 231 du Code pénal, si la mort en est résultée ;

16° Les violences prévues par l'article 233 du Code pénal.

SECTION X

Des crimes de droit commun de première classe.

ART. 757

Sont considérés comme constituant des crimes

de droit commun de première classe les faits suivants :

1° La contrefaçon des billets du trésor français ;

2° La contrefaçon ou l'altération des monnaies d'or françaises ;

3° La tromperie sur la qualité d'objets de consommation, dans le but de s'assurer ou d'assurer à un complice un avantage matériel illicite, si elle a eu pour effet de nuire à la santé des consommateurs.

4° La corruption définie par l'article 181 et 182 du Code pénal.

5° Le fait prévu sous le n° 20 de l'article 755, lorsqu'il s'agit de prévenus ou condamnés de droit commun.

6° Les coups et blessures volontaires prévus par l'article 309 et dans les deux derniers cas de l'article 310 du Code pénal.

7° Les faits prévus par l'article 311 du Code pénal, dans le cas du deuxième paragraphe de cet article, si la victime est un enfant, une femme, un vieillard, ou les père et mère de l'accusé.

8° Le viol prévu par les articles 332 et 333 du Code pénal.

9° L'arrestation, détention ou séquestration illégales prévues par l'article 341 du Code pénal, lorsqu'elle aura duré plus d'un mois ou si elle a été opérée dans l'une des circonstances prévues par l'article 344 du même Code.

10° L'enlèvement, le recel, la suppression d'un enfant ou la substitution d'un enfant à un autre.

11° L'exposition ou délaissement dans un lieu solitaire d'un enfant âgé de moins de sept ans ou le fait d'en avoir donné l'ordre s'il a été exécuté, lorsque, par suite de l'exposition et du délaissement, l'enfant est demeuré mutilé ou estropié.

12° Le faux témoignage et la subornation de témoins en matière criminelle, lorsque le prévenu aura été condamné à une peine supérieure à trois ans d'emprisonnement sur la déposition du faux témoin, et que ce dernier aura reçu de l'argent, une récompense quelconque ou des promesses.

13° Le vol, défini par l'article 379 du Code pénal, dans les circonstances prévues par les articles 381, 382, 383, 384 et 385 du Code pénal, et précisées par les articles 390, 391, 392, 393, 394, 395, 396, 397 et 398, du même Code.

14° L'incendie volontaire, dans les circonstances prévues par les trois premiers paragraphes de l'article 431 du Code pénal lorsqu'il n'en est résulté ni mort ni blessures graves.

15° La destruction volontaire par explosifs ou tout autre moyen violent d'édifices, navires, bateaux, magasins ou chantiers, n'ayant occasionné ni la mort, ni des blessures graves.

Section XI

Des crimes de droit commun de deuxième classe

Art. 758

Sont considérés comme constituant des crimes de droit commun de deuxième classe les faits suivants :

1° La tromperie sur la qualité d'objets de consommation, dans le but de s'assurer ou d'assurer à un complice un avantage matériel, si elle a entraîné la mort des consommateurs ou mis gravement leur existence en danger;

2° Le meurtre et l'assassinat, définis par les articles 295, 296, 297 et 298 du Code pénal, sur quelques personnes et dans quelques circonstances que ce soit;

3° Les tortures et barbaries prévues par l'article 303 du Code pénal;

4° Les coups et blessures volontaires, commis avec préméditation et guet-apens, et ayant entraîné la mort;

5° Les coups et blessures volontaires dans les cas prévus par les deux derniers paragraphes de l'article 309 du Code pénal, commis avec préméditation et guet-apens sur des enfants, femmes, vieillards ou sur les père et mère de l'accusé;

6° L'exposition ou le délaissement dans un lieu solitaire d'un enfant au-dessous de sept ans, ou le fait d'en avoir donné l'ordre, s'il a été exécuté, lorsque la mort de l'enfant s'en est suivie.

7° L'incendie volontaire ayant occasionné la mort ou des blessures graves;

8° La destruction volontaire par explosifs ou tout autre moyen violent d'édifices, navires, bateaux, magasin ou chantiers, ayant occasionné la mort ou des blessures graves:

CHAPITRE III

De l'application des peines

Section I

Des Pénalités

Art. 753

Les contraventions de première classe seront punies de la réprimande simple, de la réprimande publique ou d'une amende de 20 francs au maximum.

ART. 760

Les contraventions de deuxième classe seront punies d'une amende de 50 francs au maximum ou d'un emprisonnement de trois jours au maximum.

ART. 761

Les sévices exercés sur des enfants, soit par leurs parents, soit par d'autres personnes, lorsqu'ils n'auront produit ni blessures ni contusions, seront punis :

Pour la première fois, de la réprimande simple ;

Pour la deuxième fois, de la réprimande publique ;

Pour la troisième fois, d'une amende de 50 fr. au maximum ou d'un emprisonnement de trois jours au maximum.

Dans ce dernier cas, s'il s'agit de sévices exercés par des parents, ils seront déclarés déchus de leur puissance paternelle et l'enfant sera remis immédiatement à la nation.

Le père pourra en outre être privé, pendant cinq ans au plus, de l'exercice de ses droits politiques.

ART. 762

Les délits politiques de première classe seront punis d'un bannissement ou d'une interdiction de séjour de six mois au maximum, ou encore d'une résidence forcée d'un an au maximum.

ART. 763

Les délits politiques de deuxième classe seront

punis d'un bannissement ou d'une interdiction de séjour de trois ans au maximum.

Art. 764

Les délits de droit commun de première classe seront punis d'une amende de 1.000 francs au maximum ou d'un emprisonnement de six mois au maximum.

Art. 765

Les délits de droit commun de deuxième classe seront punis d'une amende de 5.000 francs au maximum ou d'un emprisonnement de trois ans au maximum.

Art. 766

Les crimes politiques de première classe seront punis d'un banissement de dix ans au maximum.

Art. 767

Les crimes politiques de deuxième classe seront punis d'un bannissement de vingt ans au maximum.

Art. 768

Les crimes de droit commun de première classe seront punis de cinq ans de travaux forcés au maximum et d'un emprisonnement d'égale durée, ou de l'une de ces deux peines seulement.

Art. 769

Les crimes de droit commun de deuxième classe seront punis de dix ans de travaux forcés au maximum, et pourront l'être en outre d'un emprisonnement d'égale durée.

ART. 770

La rélégation est de droit pour les condamnés à une peine d'au moins trois années d'emprisonnement. Ils peuvent en être dispensés par le jugement de condamnation, dans des cas exceptionnels ; mais cette décision n'est applicable que si leur conduite dans le lieu où ils étaient détenus a été satisfaisante.

ART. 771

La relégation est également de droit, sauf la dispense prévue à l'article 770 ;

1° Quand le condamné à plus d'un an d'emprisonnement a déjà subi une condamnation d'un an au moins ;

2° Quand le condamné à un an d'emprisonnement au moins a déjà subi deux condamnations à l'emprisonnement ;

3° Quand le condamné à un an d'emprisonnement au moins, pour attentat sur une personne, ne se livre habituellement à aucun travail et ne justifie pas de moyens d'existence avouables.

ART. 772

La relégation est facultative, pour tous les condamnés à un an d'emprisonnement au moins, lorsque le juge la prononce dans son arrêt, en la motivant sur les dangers que le séjour en France du condamné ferait courir à la sécurité publique ou à celle de certaines personnes.

ART. 773

La durée de l'emprisonnement préventif est

déduite de celle de la peine des travaux forcés et de l'emprisonnement.

Art. 774

Le jugement de condamnation, en matière criminelle, correctionnelle ou de police, prononce toujours la confiscation des objets énoncés à l'article 730.

Art. 775

Les relégués et les bannis pour trois ans au moins, rentrés en France, sont placés sous la surveillance de la haute police pour une durée égale à celle de la peine prononcée contre eux.

Tous autres condamnés à un an de bannissement au moins ou à un an d'emprisonnement au moins peuvent également être placés sous la surveillance de la haute police pour une durée fixée par le jugement de condamnation.

Art. 776

Lorsqu'un prévenu est reconnu coupable de plusieurs faits délictueux ou criminels connexes, la peine la plus forte est seule appliquée.

Section II

Des personnes punissables et excusables

Art. 777

L'auteur d'une tentative de crime, définie par l'article 2 du Code pénal, est puni comme si le crime avait été commis.

L'auteur d'une tentative de délit n'est puni que dans les cas déterminés par la loi.

Art. 778

Les articles 59 et 60 du Code pénal sont applicables aux complices des crimes et délits. En matière criminelle les recéleurs qui auront agi sciemment seront considérés comme complices.

Art. 779

L'article 64 du Code pénal reste en vigueur.

Art. 780

L'accusé âgé de moins de seize ans qui a agi sans discernement sera acquitté ; s'il a agi avec discernement, la peine prononcée contre lui sera réduite et ne pourra excéder trois ans d'emprisonnement.

Art. 781

L'immunité pour faits de sédition et rébellion, dans les circonstances prévues par les articles 100 et 213 du Code pénal est maintenue.

L'immunité aux dénonciateurs, dans les circonstances prévues par les articles 108 et 138 du Code pénal est également maintenue.

Art. 782

Les articles 321 et 322 du Code pénal restent en vigueur. Les prévenus admis à bénéficier de leurs dispositions seront ou acquittés purement et simplement ou condamnés pour délits de droit commun de première classe.

Art. 783

Les articles 327, 328, 329 et 330 du Code pénal restent en vigueur.

SECTION III

Des aggravations et des atténuations des peines

ART. 784

Les tribunaux appliqueront les peines avec une sévérité plus grande 1° aux prévenus qui auraient été l'objet de condamnations antérieures ; 2° à ceux qui, comparaissant pour plusieurs crimes et délits connexes, ne tomberaient sous le coup que de la peine la plus forte ; 3° à ceux qui ne se livrent ordinairement à aucun travail, sans justifier de moyens d'existence avouables ; 4° aux auteurs de meurtres, coups, blessures, violences commis par des enfants sur leurs parents ou par des adultes sur des enfants, sur des vieillards, des infirmes, des blessés, des malades, ou par des hommes sur des femmes ; 5° aux fonctionnaires visés par l'article 198 du Code pénal.

ART. 785

Tout évadé repris perdra le bénéfice de la libération conditionnelle prévue par l'article 787 ci-après.

Si la libération conditionnelle lui avait été refusée, il subira une augmentation de peine égale à celle qu'il avait à subir au moment de son évasion.

ART. 786

Les articles 1, 2, 3 et 4 de la loi du 26 mars 1891 sur l'atténuation de l'aggravation des peines restent en vigueur.

Art. 787

Tout condamné ayant fait preuve de bonne conduite pourra être remis en liberté conditionnelle après avoir subi la moitié de sa peine.

S'il était condamné à une peine d'emprisonnement faisant suite à une autre aux travaux forcés, la peine d'emprisonnement commencera le jour de la libération conditionnelle de celle des travaux forcés. Le condamné pourra, si sa conduite continue à être bonne, obtenir sa libération conditionnelle après avoir subi la moitié de sa peine d'emprisonnement.

La libération conditionnelle ne s'applique pas aux relégués

Art. 788

La libération conditionnelle sera accordée par le directeur de l'établissement pénitentiaire s'il n'a pas de motifs pour la refuser. A son défaut, le condamné pourra la demander aux tribunaux du lieu où il subit sa peine, à savoir au tribunal correctionnel, s'il a été condamné pour délit, à la chambre d'accusation de la Cour criminelle, s'il a été condamné pour crime. Le tribunal saisi statuera dans la quinzaine, après enquête faite par un de ses membres et interrogatoire du condamné.

CHAPITRE IV

Dispositions complémentaires.

Art. 789

Le Conseil d'Etat est chargé de rechercher dans les différentes lois non abrogées par la présente, les faits qui doivent être considérés comme des délits et des crimes, et d'en établir la liste en les classant conformément aux dispositions du chapitre II du présent titre.

Jusqu'à ce que cette liste et ce classement soient établis, les tribunaux apprécieront le caractère délictueux ou criminel des faits qui leur seront déférés, la classe dans laquelle ils rentrent, et lorsqu'il y aura lieu, ils appliqueront les pénalités édictées par la présente loi.

Seront considérés comme contraventions, sauf les exceptions que le Conseil d'Etat pourra établir, les délits actuels de chasse et de pêche et les délits forestiers.

Art. 790

Jusqu'au vote d'une loi fixant le régime pénal nouveau des indigènes des colonies, les pénalités actuelles seront maintenues

TABLE DES MATIÈRES

DEUXIÈME PARTIE

Imp. de la Librairie GIARD et BRIÈRE, 16, rue Soufflot, Paris.

BIBLIOTHÈQUE SOCIALISTE INTERNATIONALE

Publiée sous la direction de ALFRED BONNET

(SÉRIE IN-18)

Deville (Gabriel). — Principes socialistes, 1898. 2ᵉ édition. Un vol. in-18 .... 3.50

Marx (Karl). — Misère de la Philosophie. Réponse à la Philosophie de la misère de M. Proudhon. 1908, 2ᵉ édit. Un vol. in-18 .. 3.50

Labriola (Antonio). — Essais sur la conception matérialiste de l'histoire, trad. par Alfred Bonnet 2ᵉ éd., 1902. Un vol. in-18 .. 3.50

Destrée (J.) et **Vandervelde** (E.). — Le socialisme en Belgique. 2ᵉ éd. 1902. Un volume in-18 .... 3.50

Labriola (Antonio). — Socialisme et Philosophie, 1899. 1 vol. in-18 .. 2.50

Marx (Karl). — Révolution et contre-révolution en Allemagne, traduit par Laura Lafargue, 1900. Un volume in-18 .... 2.50

Gatti (G.). — Le Socialisme et l'Agriculture, préface de G. Sorel, 1902. 1 volume in-18 .... 3.50

Lassalle (F.). — Discours et Pamphlets, 1902. Un vol. in-18 .... 3.50

— Capital et Travail, 1904. Un vol. in-18 .... 3.50

Tarbouriech (E.). — Essai sur la Propriété, 1904. 1 vol. in-18 .... 3.50

(SÉRIE IN-8)

Webb (Béatrix et Sydney). — Histoire du Trade-Unionisme, 1897, trad. par Albert Metin. 1 vol. in-8 .... 10 »

Kautsky (Karl). — La Question agraire. — Etude sur les tendances de l'Agriculture moderne, trad. par Edgard Milhaud et Camille Polack, 1900. 1 vol. in-8 .... 8 »

Kautsky (Karl). — La Politique agraire du parti socialiste, 1903. 1 vol. in-8 .... 4 »

Augé-Laribé. — Le Problème agraire du Socialisme. 1907. Un vol. in-8 6 »

Marx (Karl). — Le Capital, traduit à l'Institut des Sciences sociales de Bruxelles, par J. Borchardt et H. Vanderrydt :

— Livre II. — Le Procès de circulation du capital, 1900. 1 vol in-8 .. 10 »

— Livre III. — Le Processus d'ensemble de la production capitaliste, 1901-1902. 2 volumes in-8 .... 20 »

Pour paraître prochainement :

— Livre I. — Le Procès de production du capital, 1 vol. in-8.

A LA MÊME LIBRAIRIE

Pareto (V.). — Les Systèmes socialistes. Cours professé à l'Université de Lausanne, 1903. 2 vol. in-18 .... 14 »

Croce (Benedetto). — Matérialisme historique et Economie marxiste, trad. par Alfred Bonnet, 1901. 1 vol. in-18 .... 3 50

Ferri (E.). Socialisme et Science positive (Darwin-Spencer-Marx), 1897. Un vol. in-8 .... 4 »

Marx (Karl) et **Engels** (Fr.). — Manifeste du Parti communiste. Nouvelle édition. 1901. 1 petit vol. in-18 (72 pages) 0 20

Marx (Karl). — Prix, salaires, profits, 1899. Brochure in-18 .... 0 50

Menger (A.). — Le Droit au produit intégral du Travail, préface de Ch. Andler. 1900. Un vol. in-18 .... 3 50

Rae (John). — La Journée de huit heures. Théorie et étude comparée de ses applications et de leurs résultats économiques et sociaux, 1900. Un vol. in-8 .... 6 »

Sombart (Werner). — Le Socialisme et le Mouvement social au XIXᵉ siècle, 1 vol. in-18 .... 2 »

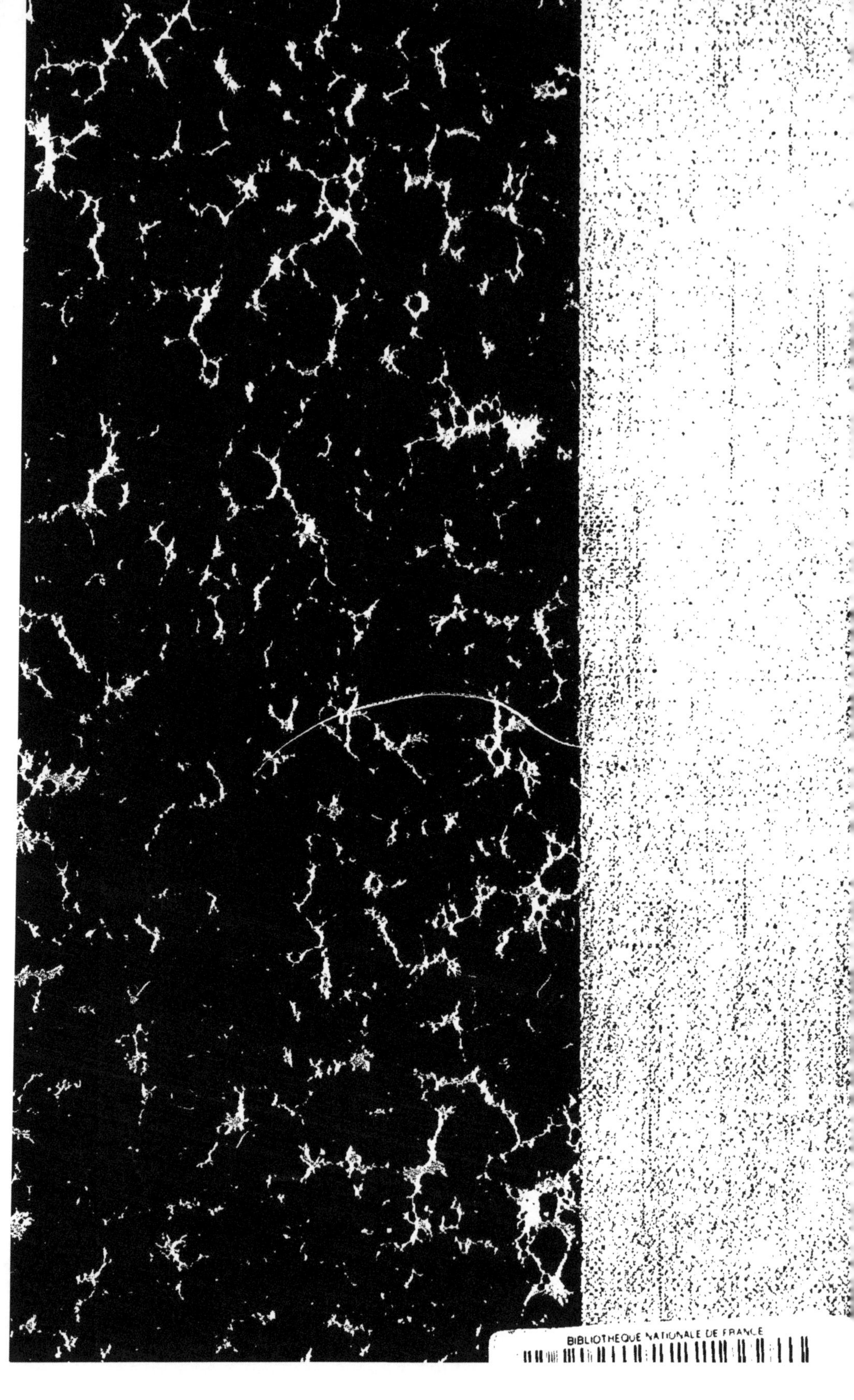
BIBLIOTHEQUE NATIONALE DE FRANCE

www.ingramcontent.com/pod-product-compliance
Ingram Content Group UK Ltd.
Pitfield, Milton Keynes, MK11 3LW, UK
UKHW022043190726
13855UKWH00002B/391